부자 이름
명품 이름

사주선생의 작명 카페 에세이

부자 이름
명품 이름

김종국 지음

한솜미디어

머리말

　세상에 태어남으로써 누구나 이름을 갖게 된다. 이름이란 평생에 내가 입고 가야 할 옷과 같은 것인 고로 결코 가볍게 생각할 수는 없다.
　본인에게 맞는 옷이 가장 편리하고 좋은 옷이 되듯이 나에게 어울리지 않는 무겁고 때 묻은 옷을 입는다면 아마도 살아가는 데 있어 많은 장애가 따를 것은 당연하다 하겠다. 때문에 저마다 좋은 이름을 갖는 것이 소원일 것이다. 옛말에 '이름으로 먹고산다'는 말이 있듯이 그만큼 이름의 중요성을 강조하지 않았나 생각한다.

　우리가 일반적으로 이름을 지을 때 사주를 무시하고 그저 획수만 맞추어 이름을 작명하는 경우가 허다하다. 그런데 아무리 획수가 옳게 배열되었다고 해도 그 사주의 물상(物象)과 그 글자의 뜻에 따라서 천태만상의 변화가 일어남을 알 수 있다.
　진정으로 좋은 이름은 우리가 일반적으로 알고 있는 획수의 배열법뿐만 아니라 그 사주의 용신(用神, 사주에 꼭 필요한 오행)의 흐름을 파악해야 한다. 사주를 하나의 물상으로 보고 그 물상의 흐름에 따라 이름을 짓는다면 진정으로 좋은 이름이 된다.

일반적으로 이름은 사주에 없는 것을 보완해야 한다는 그러한 그릇된 논의 허와 실을 일반인이 이해하기 쉽게 에세이 형식으로 엮었다. 이 책을 읽음으로써 이름에 대한 기존의 인식을 새롭게 하여 모두가 좋은 이름을 가질 수 있게끔 상식을 배양하고자 노력을 기울였다.

김종국

목 차

머리말 / 4

1장 사주 물상론과 작명론 9
- 01 이름이란 무엇인가? 11
- 02 이름의 상징어 12
- 03 이름에는 많은 학설이 존재한다 15
- 04 물상론이란 무엇인가? 17
- 05 어떤 이름이 좋은 이름인가? 24

2장 이름과 관련한 에피소드 41
- 01 독을 주는가? 약을 주는가? 42
- 02 아들 이름 좀 감정해 주세요 49
- 03 꽃님이도 자기 이름이 싫다네요 54
- 04 도화꽃의 이름이라 58
- 05 한수의 한탄 67
- 06 이름 덕을 보겠군요 74
- 07 달밤에 월순이 83
- 08 정신병이 치료되다 91
- 09 공부 걱정 하지 마소 97
- 10 꽃송이가 떨어지다 104

3장 육갑(六甲)의 기초 ……… 109
01 오행과 음양 ……… 110
02 오행 상생(相生) 및 상극(相剋) ……… 113

4장 좋은 이름 작명하는 방법 ……… 115
01 음오행이란? ……… 117
02 획오행이란? ……… 118
03 원형이정이란? ……… 119
04 한글 이름과 획수 계산법 ……… 121
05 성씨의 분류와 배열법 ……… 122
06 이름에 피해야 하는 불용문자 ……… 127

5장 원형이정의 81수리 해설 ……… 133

6장 인명용 한자의 획수·오행별 분류 ……… 157

7장 대법원 인명용 한자 ……… 197

제1장

사주 물상론과 작명론

많은 생명체들은 자의든 타의든 고유의 이름을 갖고 있다. 비록 인간에 의해 주어진 이름이지만 그것이 어색하든 어색하지 않든 별개로 치고 각자에 맞게끔 나름대로의 의미가 부여되지 않았나 생각한다.
　우리는 개인의 의사와 상관없이 이 세상에 태어났으나 그 탄생을 축복이라도 하듯 각자에게 이름이 주어졌다. 아마도 그 이름을 갖고 평생을 살아가게 될 것이다.
　많은 사람들이 이름에 관하여 매우 관심이 많은 것으로 알고 있다. 그러면 과연 좋은 이름이란 무엇이며, 어떻게 작명해야 좋은 이름이 될 것인지 한번 생각해 보는 것도 좋으리라 생각한다.
　이 책은 저자가 이 계통에서 30년이란 세월 동안 성명에 관해 실지 내방객과의 상담에서 느낀 점과 그 사례들을 소개했다. 그리고 일반인들이 성명에 관하여 알고 있는 선입관을 전제로 가장 현실에 부합하도록 집필하려고 나름대로 노력하였음을 밝힌다.

이름과 물상론 · 01

이름이란 무엇인가?

우리는 누군가를 지칭할 때 반드시 이름을 부른다. 그 사람의 고유 이름을 부름으로써 많은 사람들과 구별하는 한 방법으로 활용하기 위함이 아닌가 싶다.

만약에 모두가 똑같은 이름이라면 아마도 혼동할 것이고 나라에서나 개인적으로도 너무나 많은 문제가 발생할 수 있기 때문에 주민등록번호와 같이 우리는 고유의 이름을 갖게 된 것이다. 그것은 하나의 사회적 약속이며 일종의 계약적인 인간관계라 할 수 있다.

그러면 과연 이름이란 무엇이며 그 고유의 이름이 무엇을 나타내는지 한번 생각해 보는 것도 의미가 있으리라 생각한다.

예로부터 이름에 관하여 많은 사람들이 연구를 하였고, 앞으로도 그 연구는 계속될 것이다.

이름과 물상론 · 02

이름의 상징어

　이름이란 하나의 '상징어'이다. 이름을 반복하여 부름으로써 주문의 형상과 같은 것이 일어난다고 보는 것이다.

　어떤 종교에서건 그 경전을 반복해서 읽음으로써 동질화와 일종의 주술적인 효과가 일어나듯 이름은 평생을 두고 부르거나 듣게 될 것이다. 따라서 만약 어떠한 이름의 상징어가 나쁜 뜻이 된다면 이는 평생을 나쁜 주문을 듣는 것과 같은 고로 결코 좋다고 할 수 없다. 때문에 이름은 가능하면 좋아야 할 것이고 특히 본인이 만족하는 이름이어야 한다.

　요즘 많은 사람들이 '파동성명학'에 대해 말을 많이 하는 것도 따지고 보면 이름이라는 것이 파동, 즉 많이 들음으로써 그 이름의 주문과 같은 영파(靈波)의 영향을 이야기하는 것이다. 또한 '파자법'이란 것도 따지고 보면 그 이름의 파생어에 관한 연구의 일부분이라 할 수 있다.

　따라서 본서는 이름에 관한 특별한 이론을 이야기한다기보다도 나름대로 30년 넘게 이름에 관해 많은 사람들과의 상담을 통한 실존 학문으로서, 아울러 누구나 쉽게 읽을 수 있도록 에세이 형식으로 집필하였다.

이름이란 때로는 상징어도 되고, 반대어도 되고, 놀림의 대상도 되고 때로는 역사에 남을 만한 위대한 이름도 되는데 과연 나의 이름은 무엇이며 저 많은 사람들의 이름은 무엇일까.

길거리에 굴러다니는 돌부리도 나름대로 돌부리란 이름을 얻었으며, 바람에 흩날리는 나뭇잎 또한 나뭇잎이란 이름을 얻었다. 각자의 이름 간판을 머리에 이고 그 무거운 이름값을 하기 위해서 나름대로 얼마나 애쓰며 살아가고 있는가.

나는 이름값을 하기 위해서 지금 무엇을 하고 있으며, 후세들이 나에 관해 무슨 평을 할지 심히 걱정스럽기도 하다. 그저 이름 없는 한 철학자로 살다가 갈지언정 내가 이 세상에 태어나 무엇인가를 남겨야 한다는 것 또한 하나의 집착이고, 자신의 명예를 추구하는 그저 속물일 뿐이다. 그래도 내가 이 세상에 태어난 이상 나의 값어치를 내 스스로가 더욱 알차고 의미 있게 하는 것이 무엇인가를 생각해 본다.

이 글을 읽는 여러분들도 지금 본인의 이름을 알리기 위해서 명함을 파는 사람도 있을 것이고, 누군가가 본인의 이름을 불러주기를 바라고 알아주기를 바라고 있을지도 모른다.

더러는 학교 다닐 때 특히 상장을 받는 날 자신의 이름이 선생님의 입에서 호명되면 그만큼 기쁜 경우도 없었을 것이다. 그러나 누군가 화가 나서 큰 소리로 나의 이름을 부를 때는 차라리 그 이름을 듣고 싶지 않을 때도 있는 것이다.

고로 이름은 기쁜 경사에 불러주는 것은 행운이나 슬픈 일 또는 비사로 그 이름이 오르내린다면 차라리 숨고 싶은 심정은 누구나

한 번쯤 경험해 보았을 것이다.

  과연 나의 이름은 어느 때 가장 많이 불렸고 또 어느 때 가장 빛을 발했는지 되돌아본다.

  과연 우리의 이름은 어떤 의미의 상징을 지녔으며, 얼마만한 형상이 일어나서 희로애락의 맛을 경험해야 하는 것일까? 또한 얼마만큼 영동이 움직여 인간 생활에 영향을 주는지를 연구하여 많은 사람에게 도움을 주는 것이 나의 업이요, 내가 갈 길이라 생각한다.

  물론 대한민국에서 나 혼자만 철학을 하는 것도 아니고 나만 작명을 하는 것은 분명히 아닐 것이다. 그러나 나에게 주어진 인연 따라 내가 하고 있는 이 업에 최선을 다한다면 내 자신에게 부끄럽지 않을 것이고, 차후 내가 죽더라도 나의 이름을 기억해 주는 사람이 있지 않겠나 생각하며 이 글을 쓴다.

이름과 물상론 · 03
이름에는 많은 학설이 존재한다

　많은 철학자들이 하나의 이론으로 성립시키기 위해 각자 나름대로 수도 없는 연구와 착오를 겪고 난 후에 학문을 발표하였을 것이다. 그러나 그 논이 맞고 안 맞고는 많은 세월이 흘러가야 하는 것도 있고 또는 그렇지 않은 경우도 있다.
　하여 나의 논이 꼭 절대적이라는 법도 없지만 내가 경험한 하나의 논은 앞으로도 많은 사람들이 잘 연구해 보고 좀 더 보완하고 첨가한다면 하나의 학설로 자리매김할 날이 오리라 본다.
　어느 학설에 관한 논제를 편다는 자체도 나름대로 그 사람의 지식 한계 내에서 평하는 것이다. 그런데 그 측정의 잣대가 명확하게 설정된 것이 없으니 이도 사실 불가한 것이라 하겠다.
　그래서 사람들은 각자의 경험이나 주위의 평이라든가 또는 뛰어난 철학자를 찾아다니는지도 모른다.
　거듭 말하지만 나의 학설 또한 절대적일 수는 없다. 그러나 물상론과 작명이란 하나의 학설을 나름대로 규정해 보는 것도 처음 성명학을 연구하는 이들이나 아니면 일반 사람들이 이름에 관하여 좀 더 폭넓은 시야를 가질 수만 있다면 이 책을 쓴 소기의 목적을 달성할 수 있을 것으로 믿는다.

꼭 어느 학설이 맞다 안 맞다를 떠나서 그 학설적인 논제도 결코 전체가 입증되지 않은 하나의 통계학일 뿐이니, 그것을 벗어나서 하나의 형상을 내가 살아있는 이상 한번 완성해 보고 싶다.

이름하여 '물상과 사주학과 작명'이라고 혼자 미래에 쓸 나의 책 제목을 정해 놓고 혼자 멋있다고 자화자찬한 세월도 어느덧 몇 십 년이 흐른 것 같다.

막상 그동안 꿈을 들인 이름에 관하여 집필하려고 펜을 드니 처음에 앞이 막막하고 아무것도 잡히지 않았다. 물론 공부가 아직 성숙되지 않았으니 그런 거야 당연하겠으나 그것은 별개로 치더라도 어떠한 이론을 정립한다는 것은 그만한 각오를 해야 하는 것이다. 더구나 그 형상에 맞는 사람도 있을 것이고 아닌 경우도 있으니 이를 어떻게 설명할 것인가를 놓고 며칠을 고민했는지 모른다.

그러한 연유로 해서 결국 에세이 형식으로 글을 쓰는 것이니 가볍게 읽기를 바란다. 또한 내가 이 글을 집필함으로써 일반인들이 이름에 관하여 좀 더 폭넓게 이해하는 데 도움이 되기를 바란다.

이름과 물상론 · 04

물상론이란 무엇인가?

물상론(物象論)이란 이름에 하나의 물상을 첨가하는 것을 말한다. 예를 들어 사주에 겨울에 물이 얼어 있어 한랭한 사주라면 그 물이 얼어 통관이 막히어 물의 흐름이 방해가 되어 있을 때 오히려 목화(木火)가 와서 그 물을 따뜻하게 함으로써 목(木)은 수(水)를 통관시키고 화(火)는 얼음을 녹여 물이 잘 통관되게 하는 것을 말한다. 그러나 이때는 목(木)이 없는 화(火)는 오히려 군비쟁재(君比爭財)를 일으켜 사주가 더욱 불미하게 된다. 하여 그 물의 흐름이 어떠하냐의 상황을 말하는 것이 물상의 핵심이라 하겠다. 즉 사주를 하나의 자연으로 보고 그 이치를 적용하여 이름을 작명해야 하는 것이다.

다시 예를 들면 겨울에 출생한 사람이 사주에 화(火)가 필요할 때 사주에 수(水)가 없다고 하여 이름에 넣는다면 이는 큰 오산이다.

그것은 추운 겨울에 화(火)가 약한 중에 수(水)가 들어오면 그 화(火)는 꺼지고 나무는 물에 젖어 잘 탈 수가 없다. 그런데 그것을 모르고 사주에 수(水)를 넣고 이름에 획을 맞추어 짓는다고 한다면 이는 참으로 문제가 될 수도 있을 것이다.

비단 겨울의 수(水)만 그런 것이 아니다. 여름에 난 사람이 사주에 목화(木火)가 많아 화(火)기가 많을 때 사주에 수(水)가 없다면 물론 금수(金水)를 보완해야 하는 경우도 없지 않다. 그러나 수(水)를 전혀 보지 않았을 경우 식신생재나 상관생재로 변하였을 때는 차라리 그 세력에 따라가는 토금(土金)이 오히려 길할 수도 있으며, 수(水)는 오히려 역작용을 일으키는 경우가 되는 것이다. 즉 수(水)는 용신을 설기하고 불덩이에 없어지니 오히려 수(水)를 아니 보는 것이 상책이다.

그러나 이는 식신생재격에 국한된 이야기이고 그렇지 않은 경우, 즉 화기를 중화시켜야 하는 경우에는 그 화(火)기를 중화시키는 그러한 오행이 가장 행운을 안겨다 줄 것이다. 이때 진토(辰土)라든가 수(水)기를 가미한 형상의 자(字)를 쓰면 된다는 뜻이다.

이와 같이 이름이란 사주와의 연결이 불가분의 관계를 갖게 되는 것이다. 때문에 물상이란 그 사주에 주어진 상황의 변화와 일치해야 한다는 뜻이며 그 상황의 변화에 맞게끔 작명함이 당연하다 하겠다.

그저 나의 사주에 수(水)가 없으니 수를 넣어야 한다거나 사주에 화(火)가 약하니 화를 넣어야 한다거나 하는 논은 있을 수 없다. 만약에 수냐 화냐 목이냐를 떠나서 때로는 군비쟁재를 일으키는 경우도 있을 것이고, 때로는 그 병을 제해야 하는 경우도 있을 것이니 그 상황을 어찌 다 설명할 수가 있겠는가.

이름에 관하여는 참으로 많은 논제들이 분분한 것으로 알고 있다. 때로는 음양오행에 치우치는 사람이나 수리오행에 치우치는 사람, 기타 수많은 논제로 의견을 제시한다. 물론 그 이론이 각자 나름대로 의의가 있으며 저마다의 경험이나 학설을 근거로 하였을 것이다.

어느 획수는 나쁘고 어느 획수는 좋다는 일반론과 그것이 아니고 어느 획이 비록 나쁘나 그 획이 이렇고 이런 경우는 괜찮다는 논제에 이르기까지 각자의 경험 속에서 수많은 나름대로의 학설을 제시하는 것을 많이 보아 왔다.

물론 어떠한 논제가 성립될 때까지는 수많은 세월이 필요하였을 것이고 그 수많은 세월동안 경험한 결과일 것이다. 그런데 이름이 사주와 부합하지 않았을 때는 아무리 획이 맞아도 결코 좋은 이름이 될 수 없다고 생각한다.

예를 들어 보면 16획이 덕망격(德望格)이라 하자. 아무리 덕망격이 좋다고 하더라도 그것이 사주와 부합하지 않았을 경우에는 오히려 흉(凶)으로 작용하는 경우를 더러 보았다.

이를 기존의 논으로 보면 덕망격에 온후유덕지상(溫厚有德之象)이라 나오나 이 사람이 살아오면서 전혀 덕과는 무관하게 인생을 살아가는 것을 허다하게 보았다. 비단 덕망격만이 아니라 기타 좋다는 격도 전혀 아닌 경우가 많으니 이를 무엇으로 설명이 되어야 한다는 말인가.

16획의 덕망격이 형성되었다 해도 그 자의(字意)에 따라 천태만상의 답이 나올 것이다. 즉 같은 획수가 부합(중간과 끝자)된다 해도 중간에 동(東, 8획) 자를 쓰는 경우와 암(岩, 8획), 야(夜, 8획), 림(林, 8획)을 쓰는 경우가 판이하게 다를 것이다.

때문에 일반인들이 그저 사주를 잘 모르고 이름을 무조건 획에 맞추어 작명한다고 가정한다면 분명히 획수로는 문제가 없으나 사주와 대비하였을 때는 문제성을 내포할 수도 있을 것이라 생각한다.

따라서 어떻게 하면 사주와 부합하는 이름을 작명해야 하는 것이 관건이 될 것이다. 그렇다고 사주학은 전문 사주 공부를 해도 평생에 다 알까 말까한 학문인데 과연 이 문제는 어떻게 짚고 넘어가야 하는지 한번쯤 생각해 봐야 하지 않을까 싶다. 결국 이름이란 그렇게 쉽게 넘길 문제도 아니거니와 사주학 또한 그렇게 간단한 문제가 아닐 것이다.

결국 나의 논은 수리오행도 중요하지만 어떤 사주에 어떤 글자를 넣어야 하는지가 가장 중요하다고 생각한다. 때문에 아무리 이름을 잘 짓는다고 해도 원초적인 그 사주와 부합하지 않으면 획이 아무리 맞아도 나쁘다는 결론을 내릴 수밖에 없을 것이다.

결국 나에게 이름을 개명한 이나 또는 신생아 작명을 한 이는 나름대로 나와 인연이 닿은 사람일 것이다. 그리고 그것은 나의 의사가 아니라 어떤 큰 힘에 이끌려서 왔다고밖에는 설명할 수 없으니, 결국 자기의 복으로 합리화하여 마음을 편하게 먹는 것이 현자라고 생각한다.

이름이든 사주이든 내가 평생에 접할 사람은 정해진 것이므로 그 정해진 인연 따라 더 공부를 하여 많은 이에게 도움을 주어야 한다.

내가 죽고 난 후에 그 사람들이 나를 원망한다면 차라리 이 업을 안 하는 것이 상책이며 남에게 혹세무민한다면 저승이 있든 없든 별개로 치고 스스로의 양심이 용서를 못할 것이다.

불경에 보면 '알고 지은 죄 모르고 지은 죄를 용서하라'는 문구가 있듯이 우리네가 세상을 살아가면서 알고 지은 죄도 있을 것이고 모르고 지은 죄도 있을 것이다.

행여 나의 공부가 부족하여 사주를 잘못 판단하였거나 혹시 이름을 잘못 짓지 않았나 하고 늘 걱정됨은 사실이라 하겠다.

현재 나의 실력에 따라 이름을 지었고 사주를 보았는데 어느 날 내가 공부를 많이 하고 보니 '과거에 내가 본 것이 참 엉터리였구나' 하는 생각을 갖게 된다면, 물론 학문적으로는 발전을 이룬 것이지만 그 당시의 사람들은 알게 모르게 피해자가 될 수 있다는 생각에 늘 마음이 무겁다.

물론 그분의 어쩔 수 없는 복이라고 합리화하면 그만이지만 학자로서의 근본 양심은 무거운 것은 사실이다. 비록 어쩔 수 없다 하더라도 꼭 합리화되진 않을 것이다.

사주고 성명학이고 너무나 어려운 고로 이 문제를 생각하면 잠이 안 올 정도이니 어찌 공부를 등한시할 수가 있단 말인가.

인간이 신이 아닌 이상에 어찌 완벽하다 할 수 있겠는가. 그러나 최선을 다하는 아름다운 마음씨를 가진 철학자가 되고자 하나 미흡한 면도 없지 않으리라 생각한다.

문헌이란 것도 사실 따지고 보면 그저 선대 또는 선조들이 그렇게 말하였고 그렇게 문헌에 나오니 그 문헌 따라 이것을 정답으로 보아야 한다는 논제일 것이다.

그러나 만약 여러분들 중에 정말 지혜로운 자가 나오고 신의 경지에 가까운 학문을 할 수만 있다면 여러분들이 하나의 학설을 정립할 수도 있을 것이다.

어차피 그 학설을 만든 자도 인간이고 선각자도 인간이다. 고로 지금은 박약하지만 언젠가 보완하고 또 보완한다면 하나의 새로운 학설이 정립되지 않겠는가.

'물상론과 작명'이란 이 논제를 폄에 있어 사주도 하나의 물상의 흐름과 같은 것이며 이름 또한 그 사주와 부합되는 물상이 최고의 이름이라 생각한다. 거기에 기존의 이론을 첨가하여 획을 맞추고 수리 음령을 갖춘 이름이 주어진다면 그 효과가 배가될 수도 있지 않겠나 생각한다.

여기에다가 자의에 의한 파자법을 첨가하여 기존론을 무시하지 말고 그 논제를 참고삼아 좋은 이름을 지어 주면 이 또한 인간에 공덕을 베푸는 길이며 진정한 철학자가 될 것으로 믿는다. 그러나 이름이 모든 것의 전체가 될 수 없으며 이름은 단지 사주의 큰 테두리를 벗어날 수는 없는 것이다.

많은 사람들이 이름을 개명하려고 찾아온다. 그런데 나의 경험상 가장 우선권은 이름이 아니라 사주였으며, 그 다음이 심상이고, 그 다음이 이름이지 않나 싶다.

고로 이름이란 동가홍상(同價紅裳)의 법칙으로, 즉 좋은 것이 좋다는 논으로 해석함이 가장 좋을 것이다. 그러나 모든 것을 이름으로 합리화한다면 분명히 문제가 있다고 생각한다. 전국에 같은 이름이 수도 없이 많은데 그 사람들이 살아가는 것은 각기 다르다. 사주 또한 같은 경우는 극히 희박할 것이다.

그러면 이름은 아무런 필요가 없지 않느냐고 생각할 수도 있겠으나 앞에서 말했듯이 이름은 그 사람에게 주어지는 일종의 주문과 같은 것이니 이왕이면 좋은 이름을 갖는 것도 행운이지 않겠는가.

그러므로 이름을 무조건적 논제로 생각한다면 그것은 심히 위험한 발상이다. 거듭 말하지만 옛말에 '이름으로 먹고 산다'는 말이 있는데 이는 그만큼 이름의 중요성을 간과해서는 안 된다는 역설적인 의미이다.

이름과 물상론 · 05
어떤 이름이 좋은 이름인가?

그러면 과연 어떤 이름이 좋은 이름일까?

첫째, 사주와 부합되어야 한다.
둘째, 물상론과 부합해야 한다.
셋째, 파자하여 그 이름이 흉명이 되지 말아야 한다.
넷째, 뜻이 너무 거창하면 안 된다.
다섯째, 본인 자신이 만족해야 한다.
여섯째, 풀이하기에 어려움이 있어야 한다.
일곱째, 짐승, 동물 같은 이름은 피한다.
여덟째, 부르기 좋은 이름이어야 한다.
아홉째, 놀림감이 되어서는 안 된다.
열째, 검증된 불용문자는 가능하면 쓰지 않는다.

┃첫째, 사주와 부합되어야 한다.

아무리 좋은 이름이라 해도 사주에 어긋난다면 이는 최악의 이름이라고 평해야 할 것이다.

많은 사람들이 이름은 사주에 없는 것을 보완하는 것이 좋은 이름이라고 알고 있고 또한 그러한 경우를 많이 접하였다. 물론 없는 것을 보완해야 할 경우도 있으나 그것은 사주에 관한 정확한 인지 능력을 갖추어야 함은 당연할 것이다.

예를 들어 사주에 목(木)이 없으니 목을 이름에 넣는다고 가정을 한다면 이는 만약 용신이 토(土)라고 가설하였을 경우에는 오히려 목이 들어오면 대환란을 일으키고 파란과 고액이 연첩하는 이름이 되는 것이다.

따라서 이름에 가장 중요한 것은 사주의 용신과 부합하느냐 아니면 용신을 보조하느냐 아니면 용신을 해하지 않느냐의 원리를 먼저 알고 있어야 한다. 그러므로 사주에 없다고 무조건 이름에 보완해야 한다는 논은 삼가는 것이 좋다. 결국 이름이라는 것은 사주학의 한 테두리의 작은 영역일 뿐이며 결코 절대시할 수는 없다고 생각한다.

┃둘째, 물상론과 부합해야 한다.

이는 사주에 어느 정도 도를 통한 자만이 가능한 것인데 물상론과 부합되어야 한다는 논은 매우 어렵고 난해한 말이다. 사주의 물상이란 사주를 하나의 자연의 이치에 부합하도록 그림을 그리고 보는 것을 말한다. 즉 고유의 사주를 자연에 비유하여 이것은 쇠를 녹여서 종을 만들어야 하겠다든가, 이것은 중인활력을 하겠다든가, 이것은 바위산에 있는 노송이라든가, 아니면 청산유수의 맑은 샘물을 다스려야 하겠다든가, 아니면 발전소에 전깃불을 켜는 사주라든가, 이외에 수많은 자연의 현상을 말한다.

고로 일례로 설명할 수는 없으나 간략하게 설명해 보면 어떤 사주가 정화를 보고 신금을 보았다고 하였을 때 그 사주는 정화가 신금을 녹여서 맑은 보석을 만들어 빛을 발해야 하는 사주이다.

다시 한번 예를 들어 보면,

[사주]

시	일	월	년
丁	丁	丁	戊
未	丑	巳	申

[오행]

시	일	월	년
火	火	火	土
土	土	火	金

상기 사주에 목(木)이 없고 수(水)가 없다. 그런데 이 사주에 목을 넣거나 수를 넣는다면 정말 문제라 하지 않을 수 없다. 그것은 이 사주는 용신이 금(金)인데 수는 용신을 설기(洩氣)하니 아주 좋지 않고, 안 그래도 화(火)기가 넘치는데 목을 넣으면 큰 불이 붙어 금이 아예 녹아서 없어지는 수가 있다. 고로 목수는 금기이므로 이러한 우를 범하면 안 된다. 괜히 획수만 맞추어 이름을 지었다면 좋은 경우도 있겠으나 그렇지 않은 경우가 더 많을 것이다.

이런 사주의 경우에 가장 좋은 이름은 토금(土金)을 상징하는 한

자를 써야 한다. 그것은 토(土)는 용신 금(金)을 생하고 금은 용신지 운이니 최고의 좋은 작명이 될 것이다.

다시 한번 더 이야기하지만 그 물상이란 상기의 사주와 같은 경우에 금을 녹여서 보석을 만드는 사주이다. 거창하게 사주용어로 치면 화련진금(火鍊眞金)이라고도 하고, 화련강금(火煉鋼金)이라고도 하는데 그러한 전문용어는 일반 사람들이 잘 모르니 그것은 배제하고 단지 알아야 하는 것은 사주와 부합해야 한다는 것이 가장 중요하다.

그런데 정말로 많은 사람들이 잘못된 인식을 갖고 있는 것을 보았다. 만약에 이 사주에 수(水)를 넣었을 경우에는 어떤 현상이 벌어지겠는가 한번 생각해 보자.

수를 넣으면 그 수는 용신의 금 기운을 설기하니 재물이 설기되는 것과 같다. 그 재물을 설기하는 자는 육친(六親, 사주용어)에서 관(官)이 되는 고로, 관은 자식이라 반드시 자손으로 인해 큰 재물이 설기되는 형상이 발생한다. 또한 자식이 나의 중요한 것을 빼앗아 가는 형상인데 그 자식이 탄생하고 심사가 불편한 일이 생길 수도 있는 것이다.

목(木)을 넣었을 때는 그 목은 나의 모친이요 나의 문서가 되는 고로, 문서의 분탈지상이 일어나며 문서로 크게 손재를 보게 되는 일이 생긴다. 또한 그 목은 타버리니 모친 수명의 안보를 보장할 수 없을 것이다.

물론 상기 사주의 작명 이름에 그 목과 수의 변에 따라서 약간의 차이는 있을 수 있으나 상기의 형상의 영동이 일어나는 것은 오십

보백보라고 생각한다.

  사람 따라서 이름이란 무조건 사주에 없는 오행이란 논제는 아니라고 보며 또한 그러한 편고된 사고방식은 버려야 할 때가 되지 않았나 생각한다.

  비록 상기 사주가 출세하는 것은 확실한데 만약에 토금을 상징하는 이름을 가졌다면 금상첨화가 된다는 뜻이니 이는 결코 가벼이 넘길 문제가 아니라고 생각한다.

  여기에서 내가 하고자 하는 이야기는 상기 그림에서의 이름, 즉 보석을 만들어 명종이 되었을 때, 즉 명보석이 되었을 때 사주에서는 화가 강하고 금이 약하니 그 금을 보하는 자의 중 이름 짓는 법칙을 첨가하여 지을 수 있는 능력의 배양을 말한다.

  고로 사주에 가장 부합은 하나 그 사주의 그림과 가장 가까이서 도움을 주는 그러한 이름이 진정한 이름이 될 것이다.

  이 장은 매우 어렵고 난해하여 일례로 설명할 수가 없다. 그것은 사주란 천태만상의 그림이 나오는 것이고 그 형상도 천태만상이니 그 물상에 가장 알맞은 그림의 이름이 진정한 이름이 되리라 생각한다.

  결국 이름이란 사주에 부합해야 하며 아무리 획이 맞고 잘 부합하였다고 하더라도 사주와 어긋난다면 좋은 이름이 아니며 특히 사주의 물상, 즉 그림과 가장 부합되어야 한다.

▌셋째, 파자하여 그 이름이 흉명이 되지 말아야 한다.

이는 이름의 한자 자획을 파자한다는 뜻인데, 예를 들어 모양 초(楚) 자를 쓴다고 가정하였을 경우에 모양 초는 밑에 짝 필(疋) 자가 있고, 위에는 가시나무가 얽히고설키어 있다는 뜻이다. 이는 내가(人) 위에 두 나무를 받아내야 한다는 뜻이요 그 위에 수풀 림(林)은 아래, 즉 짝 필 아래에 단단히 얽히어 있다는 뜻이다. 이는 나무가 두 그루이니 만약에 나무가 사주에서 남편을 상징하는 오행이라면 이는 두 남자를 거느리는 형상의 이름이다. 또한 남명에서 목이 처가 되는 경우에는 두 여인을 거느리는 형상의 이름이 된다. 따라서 이 경우에는 여자는 두 남편이요, 남자는 두 여자가 되는 그림이니 결코 좋다고 할 수 없는 것이다.

물론 사주에 목이 절실히 필요한 경우와 목이 용신인데 그 목이 극히 쇠약한 경우에는 초 자를 쓸 수 있다. 그러나 그렇지 아니하고 목이 기신이나 흉신이 되었을 때 또는 목이 이미 주어져 있는데 다시 목을 보완한다는 것은 흉명이 될 가능성이 많다.

또한 초(楚) 자 위에 림(林) 자의 木은 큰 대(大), 재주 재(才), 사람 인(人) 자가 교합하여 있는 형국이다. 그런데 상기의 파자에 다시 첨가하는 형상이 일어나니 이는 '林=才=大=人=木=材'와 첨가한 '木'이 나란히 자기의 주장을 펴고 있는 형국이 되니 이는 두 남자나 두 여자가 서로 세력을 주장하는 것과 일맥상통하게 되는 것이다.

물론 그것이 재물이 되었을 때는 좋은 형상도 될 수 있으나 남명에 재(財)는 여자를 상징하는 고로 비록 돈은 벌 수 있으나 가정풍파는 각오해야 할 것이다.

그러면 여명에는 괜찮지 않느냐고 생각할 수 있으나 전혀 그렇지 않다. 이유는 재는 돈도 되지만 시모도 되는 고로 시모가 둘이라는 역설적인 답이 나오게 되는 것이니 이는 가정이 깨져서 두 번 시집 간다는 논도 성립될 수 있다.

이렇듯 이름이란 파자의 법칙도 있다는 것을 알아야 하며 중요한 것은 파자하였을 때 그 나타나는 형상이 어떤 뜻을 내포하고 있는가가 중요하다고 생각한다.

파자란 각 고유의 한문을 나름대로 자르고 잘라서 그 나타나는 형상을 종합 판단하는 것이니 작명할 때는 필히 참고하는 것이 좋으리라 생각한다.

┃**넷째, 뜻이 너무 거창하면 안 된다.**

이는 어쩌면 기존의 논과는 다른 역설적인 논이 될 수 있으나 자세히 생각해 보면 아주 중요한 말이다. 즉 어떤 이름이건 뜻이 지나치면 좋은 이름이 될 수 없다.

예를 들어 보면, 구슬 옥(玉) 자를 쓴다고 가정하였을 경우에 구슬 옥은 임금 왕(王)에 점 하나 찍은 자이다.

먼저 구슬을 설명해 보면 구슬은 빛이 나니 누구나 탐을 낸다. 탐을 낸다는 이야기는 세상에 이리저리 휩쓸려 갖은 풍파를 겪어야 한다는 논이 성립될 수도 있다.

다음 옥을 파자하면 임금 왕이 된다. 임금이 좋긴 좋으나 이는 역설적으로 평범한 삶을 살기가 매우 어렵게 되는 것이다. 또한 옥은 빨리 더러워지니 이는 즉 속물이 되어서 헤쳐 나가야 한다는 역설이 성립될 수도 있다.

다음 옥을 파자하면 공(工) 자가 두 개인데 이는 두 남자를 섬기는 형상과 일치하며 가정적으로 매우 불행할 수 있다.

다음 왕은 무거운 짐을 지고 기우뚱기우뚱하는 형상의 그림도 되는 것이니 사람이 혼자서 무거운 짐을 지고 장사나 사업을 하여 가정에 중심이 되어야 한다는 논제도 성립한다.

결국 종합해 보면 이성과 결혼에 풍파를 겪으며 세상 풍파를 겪고 살아야 한다는 논리가 설명된다. 물론 옥 자를 쓴다고 다 그런 것은 아닐 것이고 이중에서 극히 대성 대발하는 경우도 있으나 이는 범인들이 흉내 낼 수 없는 극히 귀한 사주일 때 가능한 고로 보편적인 논제에서는 불가로 본다.

다음 예를 하나 더 들어 보면 신선 선(仙) 자를 쓴다고 가정하였을 때 신선은 사람이 산에서 사는 것이 아닌가.

인간은 속세에 삶으로써 인간이 존재 값어치가 있는 것인데 산에서 산다면 수도자나 고독자 아니면 외로워하는 자, 즉 산에 혼자 있으니 외로움을 나타내는 것이 독수(獨守)의 형상을 강력하게 나타내고 있다.

산은 수도하는 장소로는 좋으나 인간이 살기에는 너무 고적하다. 따라서 고독과 싸워야 하는 것이며 정신세계의 외로움과 싸워야 하는 것이다. 또한 선은 사람(人)이 산(山)을 옆에 끼고 있는 형상이 되어 인간에 고뇌가 많게 되는 것이며, 나(丨)를 두고 양옆에서(凵) 끼고 있는 형상이니 인간에 의해 사기 묘략을 당하여 고통을 겪는 경우가 더러 있음을 나타내기도 한다.

산이란 모든 종교시설의 정신수양장소로 선택하고 있으며 그것은 어쩌면 고독한 정신세계와의 싸움일지도 모른다. 물론 신선같이 고상하게 살면 오죽이야 좋겠냐마는 현실은 그와 반대로 일어나는 경우가 허다하다.

일례를 들어보면 대성(大成)하라고 이름에 대성을 사용하였을 경우 대성하는 것이 아니라 오히려 머슴이나 종업원으로 생활하게 되는 것이니 이름에 나타나는 형상은 참으로 신비하다.

이름은 글자의 의미와 그 뜻이 그대로 나타나는 경우도 있는 반면에 오히려 반대로 일어나는 경우도 허다한 고로 그 구별이 관건이라 하겠다. 이를 알 수 있는 방법은 사주와 부합해 보아야 할 것이며 일례로 자의로 일어난다, 반대로 일어난다라는 논은 삼가야 한다.

이외에도 열거하면 수많은 자의가 있으니 그것은 여기에서 일일이 설명하기가 어려운 고로 간략하게 설명하면, 지나치게 의미를 부여한 이름은 흉명으로 보는 게 타당하리라 생각한다.

그 예를 앞에서도 들었지만 대성하라고 대성이란 이름을 주었다면 그것은 좌절과 하층을 나타내는 것이며, 부자 되라고 대재(大財)나 대부(大富)로 한다면 아마도 그 반대 형상이 일어나서 가난과 평생을 씨름해야 할 것이다.

또한 오래 살라고 거북이 구(龜) 자를 쓴다거나 장수(長壽)나 영원(永遠)이라고 한다면 이는 그 반대적인 형상이 강력하게 일어나는 것과 같다. 만약에 맑고 깨끗한 삶을 살라고 '이슬'이라고 작명한다면 이슬은 태양을 보면 금방 소멸하는 것이니 결코 장수를 보장할 수 없는 것이다. 또한 이슬은 빨리 먼지에 더러워지고 너무 맑으니 빨리 속세에 물드는 것도 당연하지 않겠는가 하여 이름이란 너무 지나치게 의미를 부여하는 것도 결코 좋은 이름이라 할 수 없다.

▌다섯째, 본인 자신이 만족해야 한다.

이는 아주 중요한 것으로 아무리 좋은 이름이라 해도 본인이 이름에 관하여 거부반응을 일으키고 있다면 그것은 싫은 음식을 매일 먹는 것이나 다름이 없는 고로 매우 불행한 일이라 할 수 있다. 따라서 가장 중요한 것은 자기 자신이 만족을 하는 것이다.

자기가 만족하면 이름을 듣는 순간 기분이 좋을 것이고 기분이 좋으면 아무래도 생동 에너지가 충만하니 하는 일이 잘 진척될 것이다. 따라서 절대로 등한시하지 말아야 한다.

▌여섯째, 풀이하기에 어려움이 있어야 한다.

좋은 이름이란 이것인가 저것인가 스스로가 풀이를 하는 데 어려움이 있어야 한다. 그 이유는 이름은 자의와 상징어의 함축성으로 보는데 너무 뜻이 있어도 안 되고 너무 뜻이 없어도 안 되는 것이니 스스로 아무리 생각해도 이름을 도저히 해독할 수 없는 이름이 진정한 이름이 아닌가 생각한다.

이는 기존 논에서 역설적인 면도 없지 않으나 분명한 것은 나쁜 작용은 안 일어난다는 뜻이다. 그 나쁜 작용이란 이름을 해석하지 못하니 그 나쁜 형상이 발생할 수가 없다는 논이다.

이는 매우 어렵고 난해한 문제라고 생각하는데 그것은 각 사주에 맞는 오행을 넣고 음양오행이나 기타 상징성의 내포 작용이 음양오행에 맞는 이름이라면 진정으로 빛을 발하는 이름이 될 것이다. 그러나 많은 사람들이 이름을 감정함에 있어 너무나 거창한 상징성을 내포하고 있는 것을 보았다.

그런데 많은 사람들은 개명하거나 작명을 하면 모든 것이 하루아침에 일사천리로 풀릴 것이라 생각하는 것을 보았다. 물론 자기 이름이 흉명이니까 개명을 하면 괜찮지 않을까 하는 기대심리도 발동하였을 것이고 개명을 함으로써 심리적으로 현실에서의 일탈작용이 발생할 수도 있겠지만 그것은 자기 합리화의 수단으로밖에는 생각하지 않는다. 왜냐하면 이름이란 고유의 나름대로 일어난 형상이 갑자기 개명했다고 해서 모든 것이 변하지는 않는다.

우연의 이치로 사주에 대운이 바뀌고 좋은 운에 들어가는 그 기점에 이름을 개명하여 잘되었다고 생각한다면 그는 매우 행운아에 들 것은 사실이나 그러한 경우는 극히 드물 것이다. 때문에 하루아침에 어떤 주문을 외운다고 그 주문의 힘이 발생한다는 것은 어려운 고로 많은 시간을 요하리라 생각한다.

그런데 나의 경험상 이름과 사주가 거의 일치하는 것을 많이 보았다. 무슨 말인가 하면 이름이 나쁜 뜻이 있을 때 반드시 사주에도 그러한 형상이 나타나는 경우가 많았으며, 이름에 독수공방이 나온다고 한다면 사주에도 분명히 독수공방이라는 뜻이 강력하게 나타난다는 사실에 실로 놀라움을 금할 수 없었다. 이를 과연 무어라 설명해야 옳을 것인가.

　때문에 이름이 주어진 것도 자기의 의사가 아닐 뿐더러 사주가 주어진 것도 자기의 의사가 아니다. 이렇게 운명적으로 절묘하게 맞아떨어진다고 한다면 지나친 운명론자가 되기 때문에 그것은 여기에서 배제하더라도, 우연의 이치로 일치할 때가 많은 것을 볼 수가 있다.

▌일곱째, 짐승 동물 같은 이름은 피한다.

　인간이 짐승과 연관된다는 것은 실로 불쾌하기 이를 데 없을 것이다. 이를 상징하는 자를 대략 설명해 보면, 견복(犬福)이라고 가정하면 개가 복을 받는다가 아니라 사람이 사람 안 되고 개가 되었다는 뜻이 성립되며, 견 자에 점을 빼 버리고 파자하면 큰 대(大) 자가 남는데 이는 대의 반대이니 소인이란 뜻이다.

　다음 소인이 점을 하나 받은 형, 즉 소인이 무거운 짐을 짊어지고 있는 형상이니 이는 무엇을 상징하겠는가. 즉 소인이 많은 일거리로 노동을 한다는 논이며, 개같이 주인에게 충성해도 복의 반대는 복이 없다는 뜻이니 복을 받는 것이 아니라 욕만 얻어 먹는다로 해석할 수 있다.

　따라서 '견복'이라는 자는 사람이 무거운 짐을 어깨에 짊어지고 허우적거리다가 많은 사람들의 시중을 들었으나 끝내는 노력에 대가도 없이 잡아먹힌다로 해석할 수도 있는 것이다.

　또한 용준(龍遵)으로 가정했을 때 용이란 동물은 가상의 동물로서

실지 용을 본 사람은 아무도 없다. 인간이 용을 그리고 그 용은 하늘로 올라가는 것인 고로 이는 허상의 동물이 된다. 때문에 보지 않았으나 갈구하게 될 것이고, 갈구하나 허상만 좇는 형상이 될 것이며 용의 궁극적인 목표는 하늘에 올라가야 자기의 소망을 달성할 수 있는 것이다.

고로 가상의 동물은 무지개와 같은 것이 되기 때문에 무지개는 몽상이며 허황된 사고방식으로 세상을 꿈꾸는 자, 즉 몽상가의 인생을 살게 된다. 결국 나의 꿈을 이루지 못하고 몽상가로 살다가 꿈이 좌절되어 남 보기에 뜬구름만 찾아다니는 허풍쟁이밖에는 안 되는 것이다.

이와 같이 수많은 이름 중에 그 자의에 나타나는 동물이나 기타 상징어에 이은 이름은 무언가 그 형상이 실제 나타남을 많이 발견하였다.

▌여덟째, 부르기 좋은 이름이어야 한다.

이는 이름에 기본이 되는 것인데 이름이 부르기에 너무 어렵고 난해하다고 해도 결코 좋은 이름은 아니다.

그 이름을 부르는 데 있어 너무 어려우니 약자로 불러야 할 것이다. 약자란 중간자를 빼고 끝 자만 부르는 것을 말하는데 이는 이름에 형상, 즉 음령이 반밖에 일어나지 않게 되는 것이다.

물론 나쁜 이름이라면 그 나쁜 형상이 반밖에 안 일어나니 반감할 수도 있는 것이나 만약에 좋은 이름이라면 그 좋은 형상도 반밖에 안 일어나니 결코 좋다고 볼 수는 없다.

따라서 부르기에 좋고 기억하기에 좋다면 이는 행운을 안겨다 준다. 이를 다시 상호에 응용한다고 해도 좋은 상호는 기억에 남고 한번 들으면 잊어버리지도 않으며 뭔가 편안한 느낌을 주어야 한다고 본다.

만약에 추억과 연관되는 물품이나 형상의 상호를 요할 때 그 추억을 나타내는 이름이라면 누구라도 한번쯤 그 장소에 갈 것이고 그 향수에 많은 사람들이 드나드니 이는 좋은 이름에 들어간다. 그런데 과거 지향적이고 향수적인 분야의 업종에서 미래지향적인 이름을 쓴다면 아마도 이는 과거와 미래가 상극의 현상이 일어나는 고로 좋은 이름이 될 수 없다.

또한 이와 반대로 미래 지향적인 사업의 이름이라면 반드시 첨단을 상징하는 이름이어야 그 사업이 번창하게 될 것이니 과연 이름을 어떻게 함부로 지을 수 있단 말인가.

수많은 세월 속에서 많은 사람들과 대화를 해 보고 나름대로 그 이름에 나타나는 형상을 연구해 본 결과 좋은 이름의 기본 개념은 각 사주에 맞는 이름과 현실과 흉화와 그 의미를 가능하면 나타내는 것이어야 하지 않겠나 생각한다.

이름 있는 대기업에 관하여 나름대로 흥망성쇠를 보았을 때 물론 그 회사의 명예와 관계되는 고로 여기에서는 언급할 수 없지만 개인의 이름이든 상호든 회사의 이름이든 별개로 치고 이름은 각자의 고유 형상에 있어 일종의 주문과 같은 것이니 잘 지으면 복이 오는 것은 사실이다.

결국 좋은 이름이란 부르기에 좋아야 하며 상대가 거부반응을 일으키지 말아야 한다는 답이 나온다.

▎아홉째, 놀림감이 되어서는 안 된다.

누구나 다 별명을 가지고 있을 텐데 그 별명을 좋아하는 사람도 있을 것이고 지나치게 거부반응을 일으켜 과잉반응을 나타내는 경우도 있을 것이다.

별명이란 것이 그 사람의 생김새나 행동이나 어떠한 계기로 주어지는 경우가 많은데 보편적으로 이름에서 별명이 많이 주어진다. 때로는 놀림의 대상이 되는 경우가 허다하니 이름을 작명할 때는 반드시 그 점을 간과해서는 안 된다.

만약에 어떤 사람이 '김치나'라고 이름을 지었다면 김치장, 김칫국 아니면 김치 김치하면서 놀림을 당할 것이다. 또 어떤 사람이 '백견족'이라는 이름이 되었을 때 이는 개발(개의 발)이란 뜻이니 똥개발 또는 개발이라는 별명을 들을 수도 있으니 결코 좋은 이름이라 할 수가 없다 이외에도 수많은 이치의 놀림을 당하는 경우가 많은데 가능하면 별명으로 놀림을 당할 수 있는 소질이 있거나 이름에서 우스개 놀림의 원인 제공이 되어서는 안 될 것이다.

놀림을 당한다는 말은 꼭 그 놀림을 당해서 나쁘다는 뜻보다는 나의 이름이 본연의 뜻을 망각하고 다른 음령이 움직인다는 말, 즉 다른 주문이 이름에서 자꾸 불려져 이름의 뜻과 상반되게 간다는 뜻도 형성되기에 결코 좋은 이름이 될 수 없다. 즉 '개동'은 원초적인 이름의 영동이 움직이는 것이 아니라 '개똥'이라는 혐오스런 영동이 움직여 결국 명예 손상을 가져오고, 똥은 더러우니 세상에 더러운 꼴을 많이 당한다는 답을 얻을 수 있는 것이다. 하여 가능하면 놀림의 여지를 없애야 하겠다.

▍열째, 검증된 불용문자는 가능하면 쓰지 않는다.

검증된 불용문자란 수많은 세월동안 통계학적으로 나타날 가능성이 많은 한자를 말하는데 이는 구(九) 자를 쓰면 사고나 아니면 단명을 나타낸다는 것이 오랫동안 입증이 된 자를 말한다.

구태여 많은 한자가 있는데 꼭 나쁘다는 자를 고집할 이유는 없는 것이다. 그것이 맞고 안 맞고를 별개로 치더라도 어차피 기분 나쁜 것을 내가 가질 필요는 없다.

더러 항렬을 고집하는 경우가 많은데 심히 항렬에 치우치다 보면 사실 이름 짓기가 난해하다. 사실 어떤 때는 도저히 그 항렬로는 이름을 짓기 어려워 솔직히 못 짓겠다고 돌려보낸 적도 있다. 그것은 나중에 욕을 얻어먹는 것보다야 낫지 않겠는가.

제2장

이름과 관련한 에피소드

에피소드 · 01
독을 주는가? 약을 주는가?

어떤 사람이 자기의 이름이 나쁘다 하여 개명했다고 한다.

그분은 평상시에 이름이 나쁘다는 소리를 많이 들었고 스스로가 또 획을 풀이해 보아도 아주 흉악한 뜻을 내포하고 있는 이름이었다고 한다. 하여 자기가 혼자 집에서 이것저것 이름에 관한 책을 보고 획을 맞추어 개명을 하게 된 것이다.

물론 그 개명한 이름은 획수 배열이 아주 잘 맞았고 겉으로는 하나의 오차도 없었다. 그분은 그 이름이 좋다고 생각하였기에 나에게 은연중 자랑삼아 이름의 감정을 부탁하였던 것이다. 아마도 무척이나 좋은 소리를 들을 수 있을 것이란 기대 심리가 발동했는지도 모른다.

그런데 그 이름은 비록 획은 맞았다고는 하나 사주와는 전혀 거리가 멀었다. 그뿐만 아니라 이름의 파자법으로 풀이해 보니 흉명을 나타내고 있었다.

그 사주와 이름을 적어 보겠다.

[사주]

시	일	월	년
甲	甲	丙	甲
戌	午	寅	寅

64	54	44	34	24	14	4	
癸	壬	辛	庚	己	戊	丁	대
酉	申	未	午	巳	辰	卯	운

[이름] 안정익

安	안, 6획
鋌	살촉 정, 15획
洙	물가 수, 10획

[수리해설]

원격	10+15=25획	・안전격(安全格) ・순풍항해지상(順風航海之像)
형격	15+6=21획	・두령격(頭領格) ・만인앙시지상(萬寅仰視之像)
이격	10+6=16획	・덕망격(德望格) ・온후유덕지상(溫厚有德之像)
정격	10+6+15=31획	・융창격(隆昌格) ・만화만창지상(萬花芳暢之像)

상기의 이름은 획수로는 전혀 이상이 없고 아주 완벽한 이름이다. 획오행은 토목토로 약간 불미하나 별로 큰 비중을 안 두니 별문제가 안 될 것이고, 다음 수리오행은 25획, 21획, 16획, 31로 배열법이 아주 좋다.

그런데 이 이름이 나쁘다고 하면 아마도 여러분들은 고개를 갸우뚱하며 도대체 당신의 그 기준이 이해가 안 간다고 할 수도 있다. 물론 나의 논이 전적으로 옳다고는 하지 않을 것이다. 이유는 기존의 모든 학설은 획이 우선권이기 때문에 나의 지론이 아마도 거부반응을 일으키는 것은 당연하리라 생각한다.

나도 그 기존의 논을 거부하는 것은 아니다. 단지 기존의 논에 나의 학을 첨가하고 싶을 뿐이라고 이해해 주었으면 한다.

그러면 상기의 이름과 사주를 풀어 보도록 하겠다.

먼저 사주를 보면 '상관생재격(엄밀히 따지면 식신 생재격이다)'이라는 사주이다. 목(木)의 기운이 태왕하니 그 목의 기운을 설기하는 화(火)가 재를 생하고 있으므로 시지에 술토(戌土)로 용신을 정한다.

이 사주는 병중 무구란 사주로 사주에 병은 있으나 약이 없는 사주가 되었다. 고로 화토(火土)운은 크게 성공할 것이고, 금(金)운은 행운지 약운이 되어 성공이 될 것이다. 수(水)와 목(木)운은 흉운이 되는 것이며 대운을 보니 53세까지는 승승장구하는 사주이다.

편재가 용신이 되고 처궁에 앉아 있으며 식상이 재를 생하니 재관의 복을 다 갖춘 사주가 될 것이다.

보편적으로 이런 급수의 사주는 수백억대의 부자가 많고 사주의 급수가 최상급이 되니 아마도 큰 인재의 사주는 확실할 것이다. 또한 목화통명을 이루어 중심이 바르고 대인의 기질이 있으며 앞으로 큰 인물이 될 것이라 믿는다.

그런데 이름도 사실 나쁜 것이 아니다. 문제는 정(鋌) 자에서 일어나는데 자세히 보면 아주 묘한 답이 있다. 정 자의 앞에 금(金)과 뒤에 임(壬)수가 서로 배척하는 형상이 일어난다.

보편적으로 이러한 자를 쓸 때는 사주에 금수(金水)가 필요한 자가 쓴다. 한자에서 금수가 공존하는 자는 별로 없지만 필요할 때는 이 자를 쓴다. 문제는 임수라는 자인데 임수는 용신 토(土)를 밀어주는 병화를 끈다.

그리고 갑목(甲木)을 살리어 갑목의 기운을 배가하는 고로 목이 힘을 발하게 되는 것이다. 여기에서 사주 공부를 많이 한 사람들은 갑목과 임수가 만나면 해수침목이라 하여 통나무를 잘 담갔다가 쓸 수 있지 않겠냐고 생각하겠지만 그것은 전혀 아니다. 그런 경우는 갑목이 금을 만나 재목으로써의 값어치가 있을 때 그 통나무를 바닷물에 담갔다가 집을 짓든지 대들보로 쓰든지 하는 것이지 이 사주와는 거리가 멀다.

때문에 지금 병화를 살려야 사주가 순세하는데 병화를 끄고, 즉 극하고 앞에 금은 용신 토의 기운을 금기가 설기하니 이 또한 불미한데(금은 용신의 병을 제하는 경우도 있으나 용신의 기운을 설기하기도 함) 수(水)가 와서 자기의 주장을 펴는 것과 같다. 고로 화는 꺼지고 목은 승하며 용신의 기운은 설기가 되니 결코 정자가 좋다고 할 수는 없다.

다음 물가 수(洙)를 보면 참 묘한 자인데 붉을 주(朱)에 물 수(水)

를 가미한 형상이다. 즉 주는 나무목에 물을 담군형이니 물에 젖은 나무가 된다. 즉, 주 자 자체가 나무목 변이니 큰 나무에 물기를 머금은 형상이 되는 것인데 이 사주는 비록 수가 없다고 하나 수가 전혀 필요 없는 사주인 고로 수기를 가미한 자는 불미한 것은 당연할 것이다. 이름의 정 자에 금과 수가 있고, 다시 수 자에 수와 목이 있으니 비록 수리오행, 즉 획수는 좋게 배열되었다고는 하나 불미한 이름이 되는 것이다.

수는 목을 조장하고 생하니 그 목은 젖은 나무가 될 것이요, 사주에 화가 토를 생하여 그 화를 소중하게 해야 하는데 수가 이름에서 넘치니 과연 좋다고 할 수 있겠는가.

나무가 물에 젖으면 그 나무는 연기만 많이 나는 법, 고로 연기 즉 매연만 풍기는 나무가 되니 수는 자식도 되지만 갑일주의 기준으로 인수 문서가 되는 것이다. 고로 문서에 매연이라면 이는 무엇을 상징하겠는가.

그분은 사주에 수가 들어가서는 절대로 안 되는 사주인데 이름에서 그 수가 들어감으로써 오히려 약을 얻은 것이 아니라 독을 얻은 것이다. 그 수가 목을 생하여 목의 힘이 더욱 발하게 되었고 목은 문서가 되는 고로 그 문서를 날리게 된 것이다. 보편적으로 이름을 개명하고 난 후에 1~2년이 지나면 그 이름에 영동이 움직이는 것을 볼 수 있다. 그래서 조심스럽게 물어보았다.

"이 이름을 개명한 지가 얼마나 되었나요?"

그분은 한 5년 되었다고 하였다.

"5년이라… 혹시 3~4년 전부터 이상하게 사람들이 보증을 서 달라거나 증권을 하여 손재를 보지는 않았는지요?" 하고 물으니 그렇다고 하였다.

그것은 1~2년이 지나면 그 영동이 일어나 이 사주에 목이 재를 극하니 문서가 재를 극하여 당연히 문제가 발생했을 것이다. 이는 사주학의 아주 기초 지식에 해당하는데 그 목이 움직이니 당연히 증권(도장, 문서), 보증(도장으로 인한 손재)에 관한 손재가 움직이는 것은 당연하지 않겠는가.

그런데 많은 사람들이 이름을 개명하고 다른 곳에 가서 감명을 받아 보았을 때 좋다는 곳도 나오나 아주 나쁘다는 결론이 나올 경우도 더러 있다. 이는 그 사람의 실력에 따라 천태만상의 답이 나오는 것이며 그것이 좋다한 사람이 맞다는 보장도 없으며 나쁘다고 한 사람이 맞다는 보장도 없다. 단지 현존하는 잣대라 하면 이름을 획으로 풀어 몇 획은 좋다, 몇 획은 나쁘다라는 그 기준밖에 없는 것이다.

더러는 획이 음오행이나 획오행 또는 음령오행이 얼마만큼의 비중을 차지하는지 아직 정확한 학설이 없으며 그것이 정확히 맞다고 가정해도 흉명이 되는 경우가 있고, 또 맞지 않아도 길명인 경우도 있으니 과연 무엇으로 그 기준을 잡아야 한단 말인가.

아무리 내가 사주와 이름을 본다고 해도 나도 나의 실력이 꼭 정확하다고는 말하지 못하는데 같은 이름의 파동도 그 사주의 힘에 따라 다 달라지는 것이 아닌가. 고로 아직 이름에 관한 논제는 정말 어렵다고 보고 있으며 누군가가 그 이름에 관한 논제를 학문으로 정확히 설정한다는 것은 참으로 힘들 것이라 생각한다.

사주의 용신격국에 맞는 이름이 가장 현명한 이름의 작명법이란 것은 주지의 사실이나 첫째, 그 사주를 깨우치기가 하늘의 별을 따는 것보다도 어려우며 또 사주를 안다고 해도 한문이나 국문이나를 막론하고 그 파생에 일어나는 영파는 어떻게 설명해야 하고, 그 영파를 설명하였다 치더라고 그 다음 문제는 그 파자법에 일어나는 문제의 정립이라든가, 또 다음 문제는 같은 이름이 주어졌으나 사주에 따라 변화하는 그 문제까지 설명하기란 참으로 난해할 것이다.

앞에서의 예를 들어 보았지만 그분은 전문 철학자가 아니니 사주에 관하여 일단 실력이 주어지지 않았으니 그 이름은 약을 얻은 것이 아니라 독을 얻은 것이다. 나는 약이라고 알고 먹었는데 독을 먹었다면 참으로 기가 막힐 노릇이지 않겠는가.

모두가 공생공영하는 법인데 이름을 지었으니 불러 주는 자가 있을 것이고 그렇게 불러 주니 타가 나의 주문을 읽어주는 것이 아닌가. 타는 아무런 뜻 없이 나에게 이름을 불러준다고 해도 나의 의사와 상관없이 그 영동은 움직이고 있을 것이다. 때문에 가능하면 정확한 원인을 알고 다음에라도 그러한 일이 반복되지 않게 할 수만 있다면 이 또한 현자라 생각한다.

에피소드 · 02
아들 이름 좀 감정해 주세요

　나의 주업은 사주학이 본업인 고로 주로 사주를 보는 데 시간을 활용하지만 한 중년의 신사가 종이에 이름을 한자로 적어서 나에게 이름 감정을 부탁하였다.
　60이 넘은 이순의 나이라고는 하나 고등교육을 받은 귀상이었다.
　그런데 이분은 사주를 보러 온 것이 아니라 이름을 감정하러 오셨다. 이름 감정은 사주가 전제되지 않은 상황에서는 감정할 수가 없으며, 획수의 배열이나 음양의 배열밖에 감정이 안 된다고 말씀을 드리면서 사주와 같이 넣기를 권장하였다.
　그냥 이름만 감정하면 되지 무슨 사주가 필요하냐고 의아하게 생각할 수 있으나 사주에 필요한 오행이 있느냐 없느냐가 관건이 되기 때문이다.
　그분은 자기가 아들 이름을 집에서 직접 작명하였다고 하였다. 그런데 그 아드님의 사주를 보니 다음과 같은 구조로(명조) 형성되어 있었다.

[사주]

시	일	월	년
庚	戊	丙	丁
申	戌	午	巳

[오행]

시	일	월	년
金	土	火	火
金	土	火	火

92	82	72	62	52	42	32	22	12	2	
丙	丁	戊	己	庚	辛	壬	癸	甲	乙	대
申	酉	戌	亥	子	丑	寅	卯	辰	巳	운

[이름] 김지현

金	김, 8획
枝	가지 지, 8획
泫	물깊을 현, 9획

[수리해설]

원격	8+9=17획	· 건창격(健暢格) · 건전창달지상(健全暢達之像)
형격	8+8=16획	· 덕망격(德望格) · 온후유덕지상(溫厚有德之像)
이격	9+8=17획	· 건창격(健暢格) · 건전창달지상(健全暢達之像)
정격	9+8+8=25획	· 안전격(安全格) · 순풍항해지상(順風航海之像)

분명히 상기 이름은 수리오행, 즉 획수로 풀어보면 아주 완벽한 이름이라 생각이 든다.

그러나 이 이름은 약간의 모순이 있다. 사주를 자세히 보면 가상 관격의 사주로 금수운은 천하를 잡을 것이나 목운 화운은 대단히 흉운으로 구성되어 있다. 사주에 목이 없으며 수도 없다. 그래서 사주에 없는 오행을 보완한다는 법칙에 의해 아마도 이름에 수와 목을 넣지 않았나 생각한다.

그러나 이 사주는 수가 필요하냐, 목이 필요하냐를 따져 보아야 한다. 그것은 수는 금 용신의 기운을 설기하니 좋다고 보기는 어려우나 다행히 사주에 화가 많아서 그 화를 제하는 작용을 하니 이름에서 넣는다는 것이 꼭 나쁘다고 평하기는 곤란할 것이다.

그럼 수는 괜찮다고 치더라도 목이 문제다. 목이 사주에 없으니 목을 보완하여 넣은 것이 문제가 되는데 사주에 목은 화를 생하여 이 사주에 병이 되는 화를 더욱 조장한다.

고로 사주에 화가 이적(병이란 사주에 나쁜 자를 말하고, 이적이란 용신을 해하는 자를 말하는데 용신은 사주에 꼭 필요한 자를 말한다)행위를 하는데 목이 와서 그 이적행위를 하는 화를 더욱 조장하는 역할밖에는 안 하는 것이다.

하여 이 이름은 사주로 보아서는 최악의 이름이 된 것이며 수리오행, 즉 획수로 보면 아주 잘 지은 이름이 되는 것이다. 따라서 이 이름을 종합 판단해 보면 흉명이 되는 것은 확실하다.

그러면 어떤 형상이 나타나느냐가 관건인데 이는 몸에 불이 활활 붙어 있는 형상이니 가슴이 답답하여 어찌할 바를 모르는 형상과 같다.

또한 금이 용신인데 그 금의 힘이 약해지고 목은 자식이 되는 고로, 자식이 불에 타 없어지는 형상이 일어나는 것이니 자식에 근심이 발생할 수가 있는 것이다.

물론 사주로 보아도 상관이 당권하고 있으니 그것은 사주에서도 나타내고 있으나 이름에서 더 한층 가일수(加一手)할 수 있다는 이야기가 성립된다.

다음 파자법으로 풀어 보아도 가지 지(枝) 자를 보면 가지는 나무의 연약한 가지가 되는 것인데 가지는 불에 더욱더 잘 탄다. 즉 자식이 불에 활활 타버리고 없어진다는 뜻이다.

고로 불이 더욱더 잘 붙게 되는 것이며 대지에 불이 붙어 초목이 고갈하는 형상의 지 자에다가 현 자는 그렇게 나쁜 자가 아니라 해도 사주에 물이 없어 다행인데, 만약에 물이 있었으면 그 물은 불덩이에 없어져 고갈되니 아마도 궁핍한 생활은 피할 수 없게 될 것이다.

그러나 사주에 수를 보지 않았으니 천만다행인데 이러할 때는 차라리 수를 안 보는 것이 오히려 좋다.

그러하니 이름에서 비록 수가 보완되었다고는 하나 그 수는 금방 고갈되어 없어지는 수가 되어 결코 바람직하다고는 할 수 없는 것이다.

다음 수의 문제는 좀 더 짚고 넘어가야 하는데 이름에서 수가 목의 가지를 생하는 형상이니 이는 금의 기운이 목의 생을 받은 화의 기운에 의하여 극도로 쇠약해져 사는데, 그 현 자의 수는 결코 뿌리 없는 샘물이 되어 화를 상대하기에는 역부족이다.

　잘못하면 군비쟁재를 일으키기 십상이니 차라리 수를 안 넣는 것이 길하게 될 것이다.

　다음 수를 넣는다면 이름의 중간자에 금을 넣고 수를 넣었으면 좀 더 완벽한 작용을 할 수 있었을 것이다.

　여기에서 물론 이름으로 전체를 이야기한다는 것은 있을 수 없으나 사주에 화기가 왕성한데 이름에서 그 형상을 가미하였으니 좀 더 첨가한 것은 확실하다 하겠다.

　우리가 여기에서 느낄 수 있는 것은 이름이라는 글자는 사주의 보완 작용이며 없는 것을 보완해야 한다는 논은 한번쯤 재고할 바가 있다고 생각하며, 필요 없는 오행은 오히려 없는 것이 행운이지 않나 생각한다.

　이분의 다음 고민은 아들이 계속 시험을 치는데 잘 되지 않는다 했다. 물론 이름 때문은 아니지만 만약 이름에 용신인 금을 보조하면서 수를 넣었다면 아마도 좀 더 행운이 오지 않았겠나 생각한다.

　또한 이 사주는 대격의 사주로 아마도 큰 인물이 될 것이다. 42세 이후 이름이 천하를 진동하여 크게 성재할 것이고 그 복록이 근 100세에 이를 것이니 참으로 인간의 복을 타고난 사람이다.

에피소드 · 03
꽃님이도 자기 이름이 싫다네요

　토요일 오후에 모처럼 초읍 어린이대공원에 볼일이 있어 가게 되었다. 나들이도 할 겸 어린이대공원 맨 위에 있는 과학관을 가게 되었는데 날씨도 화창하거니와 어린 아들의 손을 잡고 가니 괜히 늙은 이 몸이 젊어지는 것 같아 매우 기분이 얄궂었다.
　가는 길에 아이스크림도 하나 입에 넣고 주책스럽게 늙은 몸이 아이가 된 양 길에서 주섬주섬 먹으면서 걸어가는 내 모습을 보니 아마도 아직 철이 덜 든 것 같아 혼자 씩 웃었다. 벌써 오십이 넘은 나이인데도 마음은 동심이 가득하니 내가 생각해도 참 웃기는 것 같다.
　몇 년 전만 해도 아이의 손을 잡고 갈 수 있었는데 어느덧 아이는 사춘기에 접어들었는지 아니면 감수성이 예민한 것인지 내가 아들의 손을 잡는 것을 용납을 안 한다.
　"아빠, 손을 잡지 마세요."
　아마도 부끄러웠는지도 모른다.
　'아빠, 이제 저도 많이 자랐으니 어린아이 취급 말아 달라'는 은연중의 시위인지도 모른다. 머쓱한 생각이 들어 '아차, 내가 실수를 하였구나!' 하고 아이의 손을 놓았다.

그런데 가슴속 한구석에 일어나는 섭섭함은 왜일까? 이는 나뿐만 아니라 모든 부모들이 아이가 장성할수록 어딘가 마음 한쪽을 잃어버리는 것 같은 섭섭함은 한번쯤 가져보았을 것이다.

옛날에는 목마를 타자고 그렇게 칭얼거리던 놈인데, 참 세월이 많이 흘러갔다.

겨우겨우 늙은 내 다리로 용기 내어 과학관에 가보니 많은 아이들이 벌써 와 있었다. 저마다 사연이 있고 이유가 있어서일 것이다.

늙다리 영감마냥 손을 허리춤 뒤로 하고 한 바퀴 돌아보았다. 그런데 벽에는 참 많은 꽃이름의 사연을 담은 예쁜 사진과 일화인지 우화인지는 모르지만 곱게 적어 놓았다. 하나같이 왠지 눈물이 나는 사연이었다.

곱디고운 저 꽃에도 저마다 사연이 있구나. 어느 누군지는 모르지만 참 대단한 상상력과 추리력으로 이름을 지어주었구나 하는 생각을 해 본다.

반면에 꽃을 보면서 너무나 기가 막힌 작명이라는 생각이 들었다. 할미꽃의 슬픈 사연이라든가 달맞이꽃의 애처로운 사연이라든가.

그런데 하나같이 왜 슬픈 사연만을 담았는지 모르겠다는 생각을 하면서 내 나름대로 활기찬 이름을 지어 보려고 하였다. 웃기는 소리인지는 모르지만 내가 느낀 그대로 기분 좋은 이름을 각자에게 지어 보았다.

할미꽃에게는 허연 수염이 있으니 도인화라 하였고 제비꽃에게는 벌맞이라 하였고, 달맞이꽃에게는 외계통신화라 하여 각자에게 나름대로 작명해 보았다.

　물론 내가 작명을 아무리 해 봐야 모든 사람들이 할미꽃으로 알고 있는 이상에는 아무런 소용이 없는 것은 당연하겠으나 그 그림 속에 있는 꽃들은 아마 잠시나마 기분이 좋아지지 않았나 생각해 본다.

　물론 함부로 개명하였다고 나에게 역정을 낼 수도 있겠으나 너무 가련하고 서글픈 이름이 싫어 작명하였으니 너무 섭섭하게 생각하지 않았으면 좋겠다.

　나는 더러 야산에 자주 가는 편인데 산에 가서 이름 없는 꽃을 보면 이름을 많이도 지어 주었다. 그 무명화들도 나름대로 아름다움을 뽐내고 있는데 이름 없이 살다가 간다면 서럽지 않겠는가.

　그 무명씨들은 참 사람들이 무정하다고 아마도 많이 원망하였을 것이다.

　자기네들의 아름다움도 몰라주고 그 흔한 이름 하나도 안 지어 주었으니 입장을 바꾸어 생각해 보면 이해가 되지 않겠는가. 그래서 내가 졸명일지는 모르지만 나름대로 이름 없는 야생화를 보면 나름에 맞게 이름을 지어 주는 것이 거의 버릇처럼 되었다.

　나는 그 꽃들의 이름을 불러보면서 마음속으로 이야기할 때도 있으나 아무도 없을 때는 그 꽃들과 대화도 나눈다.

　'그래, 그동안 잘 지냈니? 너의 친구인 나비나 벌들이 많이 놀러 와서 친구가 되어 주더냐?'

　물론 그 모습을 누군가 보았다면 '싸이코'라느니 '약간 맛이 갔다'느니 하였을 것이다. 그러나 그것은 그 사람들의 자유이고 나의 생각에도 자유가 있으니 그것은 별개로 하자.

그런데 작은 벌이 와서 사뿐히 앉는다. 참 귀엽고 아름다운 모습이다.

사실 도회지의 복잡한 거리보다도 벌 나비가 춤추는 들판이나 야산에 있는 나의 친구들, 즉 벌, 나방, 기타 초목이 티 없고 더 아름답다는 생각이 든다.

가족들이 산에 갔을 때 아이들에게 작명을 맡기는 경우도 많다. 그리고 다음에 그 꽃을 보면 나름대로 이야기해 보라고 한다.

지금은 아이들이 이해를 못할 수도 있으나 언젠가는 세상 살아가다 힘들 때 또는 고민이 있어 혼자 생각을 많이 해야 할 때 또는 마음의 때가 많이 묻어 자기 자신을 돌아볼 때 꼭 사람을 만나서 이야기하고 현자를 만나 조언을 듣는 것도 나쁜 것은 아니나 스스로의 마음을 정리하게 되는 이름 없는 초목의 친구들과 이런저런 이야기를 해 보면 마음이 정리되는 경우가 많다.

내가 지어 준 그 야생화들은 어쩌면 오늘도 나를 기다리는지도 모른다. 그것은 나만의 착각일 수도 있겠지만 일단 그 기대심리가 나를 기쁘게 하니 그것만으로 이미 마음은 행복하다.

에피소드 · 04
도화꽃의 이름이라

세상에는 아름다움이 참으로 가득하다. 이름 없는 미물의 꽃에서부터 하다못해 풀잎에 붙어 기생하는 작은 벌레에 이르기까지 자세히 보면 저마다 자기의 아름다움을 자랑하고 있다.

꼭 무당벌레의 오색찬란한 등껍질만이 아름다운 것이 아니라 굼벵이 같은 벌레에게도 나름대로 아름다움이 있고 귀여움을 포함하고 있지 않나 생각한다.

그런데 그 중에서 가장 아름다운 것은 역시 인간이라고 생각한다. 특히 이제 막 피어오르는 사춘기 청소년의 발랄하고 청순한 모습과 어린아이들의 해맑은 웃음과 때 묻지 않은 모습은 정말로 아름답다.

아이들의 웃음소리는 자연이 준 하나의 교향곡과 같이 우리네 마음을 맑고 시원하게 만든다. 거리에 지나가는 아이들의 모습을 보면 나도 모르는 사이에 기분이 업되어 우울하던 모습은 금세 없어진다. 아마도 나도 모르게 그 아이들의 동심에 동화되었기 때문일 것이다.

가을날의 낙엽처럼 우리는 시간이 갈수록 점점 늙어간다. 그러나 그 늙음도 비록 벌레 먹은 잎사귀마냥 얼굴에 저승꽃이 피어도 그 나름대로 아름다움을 발견할 수가 있다.

이승의 마감을 나타내는 저승꽃이 얼굴에 핀다고 해도 다음 생이 또 기다리고 있다고 생각하면 아름다움이 되는 것이며, 이승에서 약간 못났다고 해도 행여나 다음 생에 미남 미녀로 주어질지 누가 아는가. 고로 나의 현실에 힘겹고 무거웠던 평생의 짐을 벗어 던지고 이제 새로운 환희의 세상이 나의 미래에 기다리고 있다고 생각한다면 이 또한 아름답게 생각할 수도 있다.

비록 억측 같은 내 논이라고 비웃을지 모르지만 모든 것은 내가 마음먹기에 달려 있는 것이다.

욕망으로 인해 충혈된 눈빛이 아니라 맑고 고운 눈빛을 가짐으로써 거칠고 상처를 받은 피부인 것은 확실하나 그 내면의 아름다움은 어디에도 비교할 수가 없는 것이다. 아무리 좋은 이름을 갖는다고 해도 심상이 받쳐주지 않으면 무용의 이름이며, 결국 이름도 심상과 일치할 때 좀 더 좋은 이름이라고 생각한다.

물론 이름에서 순수성과 유순성도 있을 수 있으나 근본 본심이 맑고 깨끗하다면 좀 더 좋은 이름이 될 것이다. 때문에 사주가 일 순위이며, 그 다음이 심상이고, 그 다음이 이름이라 생각한다.

운명이란 큰 테두리는 벗어날 수가 없다고 해도 그 테두리의 한계 속에서 작은 변화는 나비효과와 같이 반드시 결과론이 좋다고 보고 있으며, 무엇보다도 스스로가 그것을 깨우치고 인지했을 때 그 변화는 더욱 의미가 있는 것이다.

내가 이름을 개명하였으니 이제 좋은 일이 발생하지 않을까 하는

막연한 마음으로는 결코 큰 변화를 바라기가 어렵다. 그것은 물론 심리적인 효과를 보아 기분이 업되어 좋은 경우도 있겠으나 이러한 이치는 약간의 괴리가 발생할 수 있다고 본다.

하여 여러분들이 개명을 하였거나 좋은 이름을 가졌을 때 나름대로 그 이름의 주문을 본인이 외우고 또 타인이 불러 준다면 반드시 좋은 결과가 있으리라고 생각한다.

화려한 오색 불빛을 받은 상점의 아름다움은 불빛이란 조명이 있기 때문에 가능한데 그 조명의 색깔에 따라 각기 다른 모습을 하고 있다. 여기에서 비단 상점만 얘기하는 것이 아니라 화려한 도시의 불빛도 어쩌면 각자의 색깔에 따라 그 아름다움이 배가될 수가 있다.

우리네 모습은 나의 본 모습에 등불이라는 불빛의 이름으로 포장하여 나의 모습에 좀 더 아름다움을 추구하는 것과 같다. 결국 이름이란 나의 모습에 아름다운 등불을 비추는 것이니 나를 좀 더 미화시키는 것이라 할 것이다. 따라서 좋은 이름은 좋은 옷을 입는 것과 같으니 우리는 가능하면 좋은 옷을 입도록 노력해야 하리라 생각한다.

가냘픈 모습의 한 여인이 불쑥 찾아와 자기의 이름을 바꿔 달라고 청하였다. 지모를 겸비한 미모였으며 아직 20대 중반의 나이지만 귀티가 흐르는 상이었다. 언어가 매우 안정되어 있었으며 내면의 수양을 많이 닦았고 가정교육이 잘되어 있는 분이라는 것을 느낄 수 있었다.

인품이라는 것은 의식적으로 나타나는 것이 아니라 무의식중에 풍기는 것이다. 품행이라든가 언어, 눈빛, 앉거나 걸음걸이의 자세, 특히 어느 좌석에 갔을 때 앉는 자세부터가 다르다. 그것은 그 사람의 일상생활을 나타내는 것이며 특히 언어는 못 속인다.

특히 철학관에 왔을 때 앉는 자세만으로도 그 사람의 인품이나 지식 정도는 대략 알 수가 있다. 물론 오랜 세월의 경험일 수도 있겠지만 어쨌든 자기의 일상생활이 무의식중에 나오는 것은 사실이라 하겠다.

그런데 이 여인은 사실 너무 미녀인데다 얼굴에 복이 가득한 여인이었다. 지모를 겸비하고 복까지 겸비한 아름다운 한 송이 꽃을 보는 느낌이었다. 아름다운 꽃을 보고 예쁘다고 생각하지 않는 사람은 없을 것이다. 나도 눈이 달려 있는 고로 어찌 예쁜 얼굴이 안 보이겠는가.

그 여인의 이름은 이화선이다. 좀 특이한 이름이나 한눈에 약간은 도화를 감았다는 느낌을 받았다.

그분의 사주에도 도화꽃이 만발하였는데 다행히 그 도화는 재록과 관록을 품고 앉아 있으니 아마도 잘만하면 결혼해서 아주 유한마담으로 살아갈 수 있지 않나 하는 생각이 들었다.

그런데 이름이 도화밭에 앉아 있는 형상이 일어나는 고로 이분은 지금 그 도화업에 관하여 나에게 물으러 온 것 같았다. 왜냐하면 이름이란 오랫동안 부르면서 그 영동이 일어나게 되어 있으므로 분명히 그 논과 연결되어 있을 것이라 생각했다.

이렇게 복 많고 재복이 있는 아가씨가 이름에 영향을 받아 그쪽

분야를 생각하고 있다는 것은 비록 사주에서 그러한 형상이 일어나나 이름이 한층 더 가미하지 않았나 생각한다.
　상기의 이름을 한번 풀어 보면,

　　李 花 仙
　　꽃에 신선이라.

　이는 무엇을 상징하는가 되물어 보았더니 그분의 말씀이 "아름다운 꽃의 신선이지요"라고 답했다.
　그래서 다시 물었다.
　"아름다운 신선의 꽃은 누가 탐을 하나요?"
　"신선의 꽃을 누가 감히 탐을 하겠습니까?"로 명답을 말했다.
　어쩌면 상기의 답이 맞을지도 모른다. 그러나 꽃은 나비가 날아들어야 꽃의 역할을 할 수 있는 것이며 꽃이 비로소 결실을 맺을 수 있는 것이다.
　그런데 꽃을 찾아 날아드는 곤충이 어디 벌과 나비뿐이겠는가. 그 수많은 곤충들은 누구를 상징하는가. 여기에서 꼭 남자만이 아니라 기타 재물도 될 수가 있으며 아니면 귀인이 될 수도 있는 것이다. 그러나 나비나 벌이 이성을 상징한다고 설정하면 약간 다른 문제가 발생할 수가 있다.
　또한 꽃이란 것은 화무십일홍(花無十日紅)이라 하였듯이 장구히 간직하기가 어렵다. 태양이 뜨고 오시(午時)가 되면 그 꽃은 시들어지는 것이며 미시(未時)가 되면 고개를 숙인다. 때문에 아직 태양이 있는데 나의 꽃은 고개를 숙이고 떨어져야 하니 이는 인생에서 아직 나의 살길이 태산 같은데 나는 떨어져야 한다는 논과 일맥상통할 수가 있다.

그리고 꽃 화(花) 자를 파자해 보면 풀초 변에 사람이 비수를 갈고 있는 형상이다. 사람이 풀을 베고, 즉 비수로 풀을 잡고란 뜻으로도 해석할 수가 있으며, 다음 신선 선(仙)은 고독을 상징하니 고독의 반대는 그리움도 나타내는 고로 남자가 그리워 애간장 태우는 형상이 아닌가.

이는 역설적으로 내가 그리워하니 그곳에 가서 매일 벌 나비를 맞이하나 그 벌 나비는 때가 되면 날아가 버리는 형상이니 결국 독수로 혼자 살면서 고독을 낭만으로 여겨야 하는 것과 같다. 따라서 상기의 이름을 풀이하고 나름대로 이름에 관하여 설명하였다.

그런데 여기에서의 논제는 꽃 화 자가 상기에서 내가 풀이한 대로 꼭 그것만 나타내는 것은 아니다. 왜냐하면 사주 상황에 따라 그 설명이 달라질 수 있는 것인데 이를 하나의 그림으로 그린다 하여 물상론이란 말을 할 수가 있는 것이다. 즉 각 사주에 맞는 그림을 그리어 그 사주에 부합되는 이름이란 뜻이다.

물론 이 이론이 설명하기가 매우 어렵고 난해한 것이 사실이나 자세히 연구하고 관찰해 보면 '아, 이 사주는 이 이름이 어떤 형상이 나타내고 이것은 어떤 것을 나타낸다'는 고유적인 답을 얻을 수 있을 것이다.

어떤 이론을 공부한다고 되는 것도 아니며 고정된 학문에 치우쳐 그 자의나 음변에 따라 해석한다고 하여 그 답을 얻을 수 있는 것도 아니다.

고로 사주의 물상을 깊이 깨우치면 이름의 답을 얻을 수 있다고 생각한다. 다시 말하지만 '꽃 화는 무조건 이런 형상이다'라는 논제는 성립이 안 되는 고로 앞장에서도 말했듯이 어떤 물체가 빛의 색깔에 따라 또는 보는 방향에 따라 그 물체를 느끼는 모양은 각기 다르다.

그러나 그 물체란 고유의 형상은 바뀔 수 없는 것이니 단지 그림이란 방향에서 차이가 날 뿐이다. 결국 이것이 사주의 이름풀이의 궁극적인 답이며 물상론의 답이다.

'화선'이도 사주에 을목(乙木)이 꽃이 못 핀 사주라고 가정하였을 때 그 꽃을 피우는 데 도움이 될 수 있는 경우도 있을 것이고 또한 그렇지 않은 경우도 있을 것이다. 결국 그것은 사주의 힘에 의한 형상의 변화라고 생각한다.

또한 신선은 화려한 장식이다. 나무꾼과 선녀의 이야기를 떠올리지 않더라도 늘 청결을 나타내는 것이 선 자의 주특기인데 그 자의 대로 청결하면 오죽이야 좋겠냐마는 그 반대적인 형상을 내포하고 있다. 이는 청결이 아니라 세속적인 것을 갈구하는 형상이 된다.

여자에게 가장 세속적인 것은 화류계 문화이다. 그런데 운명이란 묘한 것이 사주의 힘이 발할 때는 그것이 움직여 그것으로 유도가 되니 참으로 어이없는 현실이 아닌가.

이분은 지금 갑자기 돈이 탐나서 그쪽을 생각하고 그쪽으로 가면 어떻겠냐고 나에게 묻고 있다.

언제나 그렇지만 같은 말이라도 미화시키는 것이 옳다. 절대로 함부로 언어를 쓰거나 속된 형태의 언어를 쓴다면 결코 좋다고 할 수는 없는 것이다.

　진정한 위엄은 고요함 속에 나오며 목소리가 굵고 거칠며 큰 소리로 이야기한다고 그것이 상대에게 어필되는 것은 전혀 아니라고 보고 있다.

　옛날 말에 무식할수록 목소리가 굵다는 말이 있다.

　결국 언어의 중요성인데, 조심스럽게 접근해 본다.

　상기의 여인은 그곳, 즉 화류계(살롱, 요정)에 취직하면 어떻겠냐고 묻는다. 나는 속으로 움찔하였다.

　'아, 사주와 이름이 결국 움직이는구나. 이를 어이하나. 이 사주는 잘만 하면 좋은 데 시집가서 부러움 없이 잘살 수도 있을 텐데….'

　나는 아가씨를 설득시켜 보려고 나름대로 조심스럽게 시도해 보았다.

　"그대의 미모와 재복을 잘 살리면 남편을 대출세시킬 수도 있으며 부잣집에 시집가서 아들 딸 낳고 잘살 수 있는데 잠시 다른 길로 가시어 평생 후회하지 않겠어요."

　그분과 나름대로 많은 이야기를 나누었고 그분은 이제 마음을 달리 먹은 것 같았다.

　비록 명암부집(明暗夫集) 사주였으나 그 목(木)기가 힘이 강하지만 이름에서 화(火)기를 넣어 그 목기를 오히려 나의 에너지로 변화시킬 수만 있다면 분명히 명암부집은 약화가 될 것이다. 어쩌면 전화위복이 될 수도 있는 것이다.

　이를 좀 더 쉽게 설명하면 무일주가 목이 많아 명암부집이 되었을 때 화기를 이름에 배열시킨다면 이는 관인신합이나 살인신합 또는 관인상생이 되기 때문에 오히려 길할 수가 있다는 것이다.

물론 이름이 모든 해결사가 될 수 없음은 당연할 것이고 단지 이름이 그 목기를 없애는 역할을 하는 것은 당연하지 않겠는가. 따라서 이름을 잘만 지으면 중화의 지도를 취하여 행운도 올 수 있다고 보는 것이다.

많은 사람들이 작명을 함에 있어서 획수에 치중하는 것을 많이 보아 왔다. 물론 획수도 매우 중요하지만 가장 중요한 것은 사주의 형상을 등한시한다면 결코 좋은 이름이 될 수 없다고 본다.

그런데 사주학이란 사실 매우 어려우므로 작명하는 것 또한 매우 어렵다고 생각한다. 결국 철학자의 궁극적인 목표는 많은 사람에게 도움이 되어야 하겠으며 그 도움이 되기 위해 정말 많은 공부가 필요하리라 생각한다.

물상론과 이름이라는 이 학문이 너무나 방대하고 한자도 수많은 자가 있는 고로 자세하게 하나하나 설명하기란 사실 불가능하다.

언젠가는 시간이 날 때 그 논을 완성하고 싶고 또는 책으로 집필해 보고도 싶지만 워낙 방대한 양이라 어려움이 있으니 이 또한 안타까운 현실이다.

이름은 사주의 물결 따라 흘러감이 진정한 이름이며, 없다고 보완하는 것이 아니라 그 사주에 가장 필요한 오행의 흐름을 잘 보조하는 것이어야 하며, 각 한자에 나타나는 형상을 사주의 그림에 맞추어 보는 것이다.

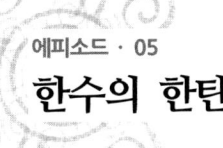

에피소드 · 05
한수의 한탄

우리나라에는 참으로 많은 고유의 토속적인 지명이 있다.

전국의 지명을 연구해 보면 묘한 것을 느낄 수가 있는데 그 고유의 지명과 현실과 부합되는 형상을 보았을 때 참으로 신기함을 넘어 경하의 경지라면 과한 표현일까?

따뜻할 온(溫) 자 치고 온천수 안 나오는 데가 없으며, 새마을 치고 마을이 폐가된 동네는 없다. 그만큼 누군가 이름을 지었는지는 모르지만 참으로 적시적소에 잘 지어 넣은 것 같다.

물론 그것이 일어나는 것은 각 고유명에 영동의 움직임이 있어서일 것이다. 만약에 마을 지명에 패망동이라 하였다면 아마도 그 마을은 패망하여 불행으로 끝을 맺었을 것이다.

결국 이름이란 강력한 영동의 힘을 내가 가져야 하고 그것을 나의 것이 아니면 자손의 것으로 만드는 것이 궁극적인 목표가 되어야 한다고 생각한다.

우리 민족은 참으로 한이 많은 민족인 것 같다. 우리가 알고 있는 백제의 의자왕이 3천 궁녀를 안고 낙화암에 몸을 던졌다는 이야기를 다시 한번 생각해 보면, 그 당시 사실 인구가 몇 백만 명도 안

부자 이름, 명품 이름

되었으리라. 그런데 3천 명의 궁녀가 있었다는 뜻은 평민들의 자녀가 많이 궁중에 잡혀 갔다는 논제가 성립이 된다. 각 고을에 예쁜이들이 모두 차출(?)되어 궁중의 노예가 되었으니 그 부모들의 심사는 오죽이나 아팠겠는가.

그런데 궁중에만 잡혀간 것이 아니라 중국에 잡혀가고 사대부 집안에 잡혀가고, 일본도 그러하였다면 이는 여자들의 수난이 이루 말할 수 없이 많았으리라.

여자들의 한이 이름 있는 명승지나 또는 시나 우화 전설 속에 묻어 있는 것은 별개로 치더라도 그것이 나오기까지 과정은 우리의 상상을 벗어날 수가 있다. 나는 역사학자가 아니지만 단편적으로 생각해 보아도 이 문제는 뭔가 한의 역사라 할 수 있지 않나 생각한다. 때문에 꼬마신랑이라는 결혼의 풍습이 생기게 되었다는 사실을 생각하면 참으로 슬프기 그지없는 것이다.

잠시 한수라는 이름을 생각하다가 괜히 역사적인 이야기까지 나오게 되었으나 여기에서 제시하는 바는 우리 민족이 지금도 번창하고 있지만 다시는 그러한 일이 반복되어서는 안 된다.

우리 철학자는 그러한 일이 반복되지 않도록 나름대로 역할을 해야 한다는 뜻이다. 내가 할 일은 좋은 이름과 사주를 좀 더 잘 보아서 나라에 보탬이 되고 개인에게 보탬이 되어 우리 모두가 잘 살게 될 때 국운도 번창하는 것이며 가정이 편해야 나라도 편함이 있는 것이다. 그러므로 조금이라도 도움이 되는 그러한 철학자로 역사에 남기를 바라는 것이 솔직한 나의 심정이다.

옛날에 정한수라는 이름을 감정한 적이 있다.

그분이 이름을 개명한 것이 아니므로 여기에서 사주는 생략하도록 하겠다. 사주를 쓰면 누구라는 답이 나오니 그분이 알면 매우 기분이 안 좋으리라 생각이 들어 사주 기록은 생략하니 이해하시길 바란다.

물론 정한수라는 이름을 쓰는 사람 전체가 다 그런 것은 아니다. 사주의 상황에 다라 천태만상의 다른 답이 나오기 때문이다.

[이름] 정한수

鄭	정, 19획
漢	한수 한, 15획
洙	강이름 수, 10획

그저 이름만 들어도 한의 세월을 보낸 사람의 이름이다.

이 이름은 운명의 무거운 굴레를 짊어진 형상의 이름이다. 언뜻 스쳐가는 느낌이 한의 근심이란 뜻으로 해석하면 바로 와 닿을 수가 있다.

먼저 그 이름의 수리해설을 해 보도록 하겠다.

[수리해설]

원격	10+15=25획	·안전격(安全格) ·순풍항해지상(順風航海之像)
형격	15+19=34획	·파란격(破滅格) ·평지풍파지상(平地風波之像)
이격	10+19획=29획	·성공격(成功格) ·실록유실지상(新綠有實之像)
정격	10+15+19=44획	·마장격(魔障格) ·평지풍파지상(平地風波之像)

사람들이 가장 많이 치중하는 수리오행부터가 잘못되어 있다. 반은 좋고 반은 나쁘니 이는 아주 흉명으로 본다. 처에 풍파가 일어나 가정과 자식과 재물을 분탈하는 형상이다.

그리고 여기에서 간과할 수 없는 것이 있는데 정씨의 鄭(나라 정)자가 奠/邑이 중간에 갈리고, 漢(한나라 한), 洙(물가 수)도 중앙이 갈리고 있으니 이름의 근본이 음양을 갈라놓았다. 음과 양이 갈리니 이는 모든 사물이 갈려 있다는 뜻이 되는 고로 가정이 갈리고 부부가 갈리며 자식이 갈리게 되는 것이다.

참고로 물론 사주도 음통으로 된 사주이다.

이름의 자형을 보면 서로가 분산하는 것이고 서로 밀쳐내려는 그림이다. 고로 사주는 별개로 치더라도 근본 이름이 잘못되어 있으니 이분은 한을 가슴에 안고 평생을 살아오시게 된 것이다.

정한수란 음령이나 상징어는 우리 부모님들이 불철주야 정화수

(맑은 물)를 떠놓고 자식이 잘되라고 기도하는 모습을 상징한다. 즉 애타는 심정이며 애절한 사랑을 나타낸다는 뜻일 것이다. 또한 '갈구하다'라는 뜻도 있는 것이며 '불가항력의 힘'이란 뜻도 내포하고 있다. 참고로 그분 사주는 정화(丁火)가 자식이었고 사주에 을목(乙木)이 있었다.

그런데 사주에 수기가 강한 한(漢) 자의 삼수변(氵)이나 수(洙) 자에 삼수변이 들어가니 그 나무는 물에 젖어 불이 꺼진다. 즉 생목매연이라 하여 젖은 나무가 불에 잘 탈 수 있겠는가? 오히려 연기만 가득하니 매연만 날리고 눈물 콧물을 흘리는 형상과 똑같았다.

물론 나무가 다 타버리는 상황이라면 물이 필요할 때도 있을 것이다. 그러나 그 사주는 오히려 물이 나무를 젖게 만들어 역효과를 만들게 된 것이다.

차라리 목이 보완되었다면 나았지 않나 생각해 보지만 이미 지난 일이고 평생을 그렇게 사셨으니 하는 수 없겠지만 안타까운 것은 사실이었다.

지금 70대 중반인데 아들 세 명 중에 한 명은 감옥에 가서 옥고를 치렀고, 부인과는 결혼을 실패보고 재혼해서도 또 실패를 보았다. 아들은 평생 부모한테 돈만 요구하는 무능력자이다.

이는 근본이 잘못된 이름의 영향을 많이 받았다고도 할 수 있다. 물론 사주에도 그런 것이 나온다. 그런데 이 이름은 더욱 가일중하여 불행이 닥쳤다고 하면 무어라 해야 하는가.

다음 한자를 풀이해 보면 한은 삼수변을 감고 있다. 이는 사주에서 절로공망(截路空亡)이란 것이 있는데 사주에 수를 말한다.

그러나 때로는 수가 필요한 사주라면 물론 예외가 되겠으나 이분의 사주는 그것이 아니었다. 때문에 이분 이름의 중간 자나 끝에 자에서 수의 갈라짐이 일어나니 더욱더 강력한 현상이 일어난 것이다.

한(漢) 자를 파자해 보면 참 묘한 뜻이 많은데 한 자 밑에 보면 큰 대(大) 자가 있다. 그리고 풀 초(艹)가 있으며 입 구(口)가 있고 지아비 부(夫)가 있다. 그런데 부는 지아비도 되고 부친도 되며 내가 부양할 자도 된다.

그것은 부의 특이한 자의일 수도 있다고 보며, 대를 다시 끊어서 보면 하늘 천 자가 되는데 하늘의 무거운 짐을 지고, 즉 풀덩어리, 소먹이를 지고 입에 넣으려고 하였으나 시냇물이 건초더미에 물기를 더하니 무거운 짐에 허덕거리는 형상의 그림이 그려지는 것이다.

물론 사주에 부합할 때는 이와 반대로 내가 천하에 먹잇감을 품에 안고 목마른데 물을 먹어 힘을 얻으니 항우장사의 힘으로 세상에 복을 받아낼 수 있다는 답도 역설로 성립될 수 있다. 그러나 그것은 사주에 부합되었을 때의 이야기이고 이렇게 사주와 부합이 안되는 경우는 반대로 상기의 설명과 같이 흉명으로 발생하는 것이다.

다음 수(洙)도 같은 뜻인데 붉은 구슬이 물에 빠져, 즉 여의주가 물에 빠져 그 빛을 잃어버리는 형상이 된다.

하여 이분은 평생 한을 안고 살아가고 있는 것이며, 수는 인체에 신장도 되고 방광도 되는 고로 신장병과 방광에 탈이 나서 전립선으로 매우 고생을 하고 있는 것이다.

그런데 여기에서 냇물이 양쪽에서 흘러 물이 화를 극함으로써 시력이 나쁘게 되고 백내장으로 고생을 많이 하였다.

이것이 이름의 영동인지 아니면 사주의 영동인지를 별개로 치더라도 일단은 어느 것이든 그 형상은 나타난 것이 확실하지 않나 생각한다.

에피소드 · 06
이름 덕을 보겠군요

　사람이 살아감에 있어서 제일 복 받은 자는 좋은 사주를 타고난 자이지 않나 싶다. 물론 나의 의사와 상관없이 나의 업보나 전생의 공덕으로 주어진 것일 수도 있겠으나 우리가 좋은 사주를 갖는다는 것만큼 복 받은 것은 없을 것이다.
　많은 사람들이 사주로 인해 울고 또 웃고 있다. 어느 누가 못 살고 싶겠으며 어느 누가 고통의 세월을 살고 싶겠는가. 그런데 사주란 선천적인 운명은 이미 주어졌다고 하더라도 후천적인 이름이라도 좋은 이름을 갖고 싶어 하는 마음은 누구에게나 다 있을 것이다.
　때문에 예로부터 이름에 관하여 수많은 에피소드가 존재하고 어떻게 하면 좋은 이름을 가질 수 있느냐를 늘 고민하고 연구해 왔다.
　예전에 어떤 사주를 본 적이 있는데 그 사주가 너무나 좋아 여기에 한번 적어 보도록 하겠다.

　【참고】 아래의 이름은 가상이다. 그 사람을 보호해야 하니 이해하시기 바란다.

가설의 법칙 · 1

[사주]

시	일	월	년
庚	丙	己	壬
寅	戌	酉	午

68	58	48	38	28	18	8	
丙	乙	甲	癸	壬	辛	庚	대
辰	卯	寅	丑	子	亥	戌	운

[오행]

시	일	월	년
金	火	土	水
木	土	金	火

68	58	48	38	28	18	8	
火	木	木	水	水	金	金	대
土	木	木	土	水	水	土	운

[이름] 김윤상

金	김, 8획
侖	둥글 윤, 8획
相	서로 상, 9획

[수리해설]

원격	9+8=17획	· 건창격(健暢格) · 건전창달지상(健全暢達之像)
형격	8+8=16획	· 덕망격(德望格) · 온후유덕지상(溫厚有德之像)
이격	9+8=17획	· 건창격(健暢格) · 건전창달지상(健全暢達之像)
정격	8+8+9=25획	· 안전격(安全格) · 순풍항해지상(順風航海之像)

상기 사주는 편재용인격이라는 사주다. 유(酉)월 병화(丙火)가 비록 일락서산이라 하나 인(寅)중 병화(丙火)에 착근하고 오화(午火)에 근(根)하였으며 은연중 인오술(寅午戌) 합을 하여 있다.

그러나 유월은 금왕절(金旺節)인 고로 금세(金勢)가 극히 강한데 그 금(金)이 시에 경금(庚金)이 우뚝 솟아있어 유금에 착근하고 있으며, 월상 기토(己土)는 유금(酉金)을 생하고 유술(酉戌) 합을 하여 금국(金局)으로 결성되면서 연지 오화(午火)는 수(임수) 살지에 앉아 무력하니 시지에 인목(寅木)으로 용신한다.

고로 금(金)이 병(丙)이 되는데 다행히 화(火)를 보아 화가 약이라. 고로 병약상제(病藥相濟)란 사주가 되었으며 신(身)이 약간 약한 고로 인목(寅木)으로 용신을 정한다. 그런데 운이 인목을 살리는 수운(水)이나 목운(木運) 화운(火運)이 길하게 될 것이요, 토금(土金)운은 흉이 될 것이다. 때문에 이름에서는 상기와 같이 수나 목, 화를 씀

이 당연할 것이다. 그런데 여기에서 의문점을 가지는 자도 있을 것이다.

신(身)이 약하니 비겁을 써야 된다는 사람도 있을 것이고, 인성을 써야 한다는 사람도 있을 것이다. 또한 비겁을 쓴다는 사람은 수운을 극히 흉으로 보는 사람도 있을 것이고, 인성을 써야 한다는 사람은 수도 길하다고 말할 것이다. 또 더러는 일주가 약한데 수가 오면 일주 병화가 흑운차일(黑雲遮日)하여 흉이 않겠나 하는 사람도 있을 것이다.

물론 상기의 의문점을 가지는 것은 당연하고 그렇게 의문점을 가짐으로써 학문은 발전하는 것이다. 그런데 이 사주는 연지 오화는 수 살지에 앉아 있으니 차라리 인목으로 용신을 정한다. 용신이 인목으로 정해졌으니 수운도 길이 되는 것이다.

그런데 이 사주를 보면 초년부터 아주 길이다. 물론 17세까지는 토금(土金) 운이 오니 집안 형편이나 공부에 약간의 장애가 있을 것이나 그 다음 신해(辛亥) 운이 오면 그때부터 성공을 하기 시작하여 이 다음 72세까지는 승승장구하지 않겠나 생각한다. 참으로 존귀한 사주라 생각이 들며 앞으로 반드시 한자리 하는 그러한 인물이 되리라고 본다.

그러면 '윤상'에 관하여 한번 풀어 보도록 하겠다.

윤(侖) 자를 자세히 보면 위에는 사람 인(人)이라 생각하고 사람이, 즉 가정이 우주가 밑에 있는 일(一) 자는 '하나, 합하다, 유일하다, 내게로 오다'라는 뜻이 되는데, 그 밑에 용(用) 자는 집안에 곡간을 가득히 채워 창고의 문이 열리는 형국을 하고 있다. 즉 창고에 아무리 금은보화가 있다 해도 문이 닫혀 있으면 무용인 것이니 이 용 자가 참으로 이 사주상 고귀하지 않나 생각한다.

결국 윤(侖) 자는 천하의 사람이 나를 품고 하나로 일치하여 나에게 쓸 재관이 창고에 가득하다는 뜻으로 풀이할 수 있는 것이다.

다음 상(相) 자를 보면, 이 사주에 용신이 목인데 목을 보조하고 있고 상자를 파자하면, 큰 대(大) 자가 앞에 있으며 나무 목(木) 자로도 해석하지만 큰 대 자로도 볼 수 있다. 즉 상황에 따라 변화의 해석이란 뜻이다.

그 대(大)는 상기의 윤 자를 밀어주고 있으며, 이는 대인이 또는 내가 겸양하여 그 천하의 사람을 품는다는 뜻도 형성된다.

다음 눈 목(目) 자를 보면 입 구가 4개이다. 이는 눈으로 사방에 식구를 먹여 살린다는 뜻도 되고, 동서남북을 살핀다는 뜻도 되며, 나무그늘에서 여유만만하게 노니는 형상도 되는 것이다.

다음 상(相) 자는 서로의 융화도 형성하지만 자기주장도 형성하는 고로 대인이 자기의 주장이 없으면 성공하기가 어려울 것이다. 고로 상자의 특이한 면이 흐름이니 이 이름은 사주에 아주 부합하는 이름이라 생각한다.

가설의 법칙 · 2

그러면 이 사주에서 다음과 같은 이름이 주어졌다고 가설하고 한 번 풀어 보도록 하겠다.

[이름] 김도제

金	김, 8획
到	이를 도, 8획
帝	제왕 제, 9획

상기의 이름은 획수로는 완벽한 오행이다.

그런데 '도제'란 이름을 한 번 풀어 보도록 하겠다.

도(到)를 한번 보면 선비가 칼을 머리 위에 들고 춤을 추는 형인데 앞에다가 사람 인(人) 자를 붙이면 倒(넘어뜨릴 도) 자로 변한다.

도의 주특기는 '칼로 양쪽에서 썰다'라는 뜻으로도 형성할 수 있는데 그 도 자에다 앞에 사람 인 자를 쓰니 '사람이 칼에 넘어지다'라는 뜻이 형성하는 것이다. 다음 '이르다'라는 말은 이를 수 없다. 즉 '다다르지 못하다'라고 해석할 수 있는 고로 뜻이 중도에 좌절을 나타낼 수도 있는 것이며, 언제나 갈구하는 형상이나 내가 너무 강하여 불취하는 형상도 성립된다.

다음 제(帝) 자는 수건 건을 머리에 쓴 모양, 즉 제왕이 왕관을 목에 걸친 모양이다. 그런데 범인이 제왕의 흉내를 내다가 일신을 보존하기가 어려운 고로 난관, 어려움, 중도좌절, 실의, 허망의 욕망을 나타낸다. 따라서 큰 뜻을 품었으나 과한 욕심이 되어 그것을 성취하지 못하고 때로는 과욕에 몽상가로 살다가 자기의 주제를 파악 못하고 설치다가 칼에 당하는 형상이 될 수도 있는 이름이 아니겠는가.

가설의 법칙 · 3

[이름] 김가제

金	김, 8획
佳	이름다울 가, 8획
帝	제왕 제, 9획

상기 이름도 물론 수리오행은 완벽하다.

그런데 그 모든 것을 떠나서 '가제'라 함은 바닷가에 기어 다니는 가제를 상징하니 그 제 자가 '재'든, '제'든 별개로 하고 일단 놀림의 대상이 되는 것은 당연할 수도 있다. 거기다가 성씨까지 김이니 김 나는 가제라, 결국 가제를 가마솥에 끓이니 김이 모락모락 나는 형상과 진배없다.

상기에서 말하는 놀림의 대상자가 되어 파격이라는 이야기이고 다음 가(佳) 자를 파자해 보면, 사람이 혹 토(土)를 두 개나 나란히 아래위로 간직하는 자이다. 이는 한자 그대로 놓고 해석해 본다고 해도 두 개(사람이=人, 二土 즉 圭)를 내가 품은 형상이 되는 고로 부부파산과 가정불화를 나타낸다. 또한 사주에서 토는 금기시하는데 토가 나란히 두 개(圭=土+土) 있으니 이는 금세(金勢)가 더욱 강하여 사주가 흉명으로 변하게 될 것이다. 또한 제(帝) 자의 형상도 상기에서 설명한 것과 같으니 아름다울 가에 제가 되어 결코 아름다움을 간직할 수 없는 문제가 될 것이며, 이름에서 두 장모(圭=丙일에서는 토(土)가 장모라는 뜻)를 나란히 품은 형상이 되는 고로 결코 좋다고 할 수는 없다.

그렇다면 과연 획수가 전체가 아니라는 답이 상기의 예를 보았듯이 알 수가 있다. 이외에도 수많은 자의에 따라서 그 변화는 달라지는 것이니 결국은 획수도 중요하지만 그 자의에 나타나는 이름 고유의 의미가 가장 중요하지 않겠나 생각한다.

이 문제는 내가 앞으로도 평생을 연구해야 할 과제이며 그것이 내가 이 세상에 태어난 의미라면 과한 표현이겠지만 이론을 완성하고 싶은 것이 솔직한 나의 심정이다.

물론 내가 완성을 못하더라도 앞으로 진정으로 지혜로운 철학자가 탄생한다면 언젠가는 완성될 것이고, 비록 방대한 양이라 하나 각 격국에 나타나는 용신에 따라 이름의 변화상황을 체계화할 수가 있을 것이다.

여기에서 체계화란 말은 격국용신에서 그 용신에 따른 이름 작명법을 말하는 것이 아니라 좀 더 세부적인 답, 앞에서와 같이 김윤상, 김도제, 김가제와 같이 자의에 따른 미세한 변화상황을 말한다.

물론 상기의 풀이가 꼭 맞고 절대적이란 보장은 없다. 그러나 일단 그러한 의미는 강력하게 나타날 수도 있다고 본다.

그러면 여기에서 같은 획수를 쓰는데 앞에 윤상이와 도제와 가제가 살아가는 것은 아무리 사주가 길이라 하나 다소간에 차이가 나는 것은 확실하지 않을까 생각한다. 결국 나의 지론은 아무리 사주가 좋고 획이 완벽하다 하나 그 자의에 따라 또는 음영에 따라 달라지는 것은 확실하지 않겠나 생각한다.

이 사주는 편재용인하니 아마도 대학자가 될 것이고 고관대작의

지위를 얻지 않을까 보고 있다. 사주도 대격이 되어 있고 이름도 대격(물론 다른 이름이지만 작명이 잘 되었다고 봄)의 뜻을 나타내니 이 이상 좋을 수는 없다고 생각한다. 앞으로 초년에야 집안 형편이 좋지 않아 조금 고생하겠지만 이 다음 운이 들어오면 집안도 풀릴 것이고 앞으로 이 나라에 큰 동량이 되어 성명 석 자 남기리라 보고 있다.

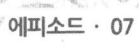
에피소드 · 07
달밤에 월순이

달이라고 생각하니 먼저 고독이 느껴진다. 사주 문헌에 한 문구가 언뜻 생각난다. 월명지하, 즉 달밤이 우는 것은 시에 상관이 앉아 있는 탓이라는 문구가 왜 생각이 날까.

한 아주머니가 사주를 보러 왔다. 무척이나 세파에 찌든 얼굴이었으나 그래도 눈빛은 뭔가 지적인 데가 있었다.

그 아주머니는 비록 힘든 시간을 보내고 계셨으나 두 아이를 키우면서 혼자 열심히 사는 분이셨다. 남편이 다른 여자와 사랑(?)에 빠져 자기를 버리고 가셨는데 아이들을 키우면서 비록 가난하지만 참으로 열심히 살면서 남편이 돌아올 날만 기다리며 사는 분이었다.

어쩌면 현대인에게는 보기 드문 케이스로, 재혼도 생각 안 하고 일편단심 그 남편을 생각하고 밤에는 문도 안 잠그고 남편이 이제나 올까 저제나 올까 기다리면서 하루하루를 보내고 계셨다

본인이 못나서 아이들을 아빠 없이 키운다는 것이 늘 미안하여, 밥을 먹는데도 아이들 얼굴 보기가 미안하다는 말씀을 하시면서 내 앞에서 눈물을 흘리시는 모습이 주마등처럼 떠오른다.

왜 이분이 그렇게 되었는지 그 사주와 이름을 한번 적어 보고자 한다.

부자 이름, 명품 이름

[사주]

시	일	월	년
戊	辛	辛	丁
子	未	亥	巳

59	49	39	29	19	9	
丁	丙	乙	甲	癸	壬	대
巳	辰	卯	寅	丑	子	운

[이름] 송월순

宋	송, 7획
月	달 월, 4획
順	순할 순, 12획

- 송(宋) : 성
- 월(月) : 달밤의 고독, 해가 진 어두운 상태, 문을 열어놓은 형상의 그림
- 순(順) : 머리혈(頁)변. 머리가 아프다, 두통, 신경성, 지능 발달 및 신경 쇠약을 상징.
  내 천(川)은 갈라지다, 분산, 이탈형국. 고로 분탈에 냇물이 흘러가니 보존이 어렵다로 해석. 물은 난간, 시련을 상징.

[수리해설]

원격	4+12=16획	· 덕망격(德望格) · 온후유덕지상(溫厚有德之像)
형격	4+7=11획	· 신성격(新成格) · 자력갱생지상(自力更生之像)
이격	7+12획=19획	· 고난격(苦難格) · 봉학상익지상(鳳鶴傷翼之像)
정격	7+4+4=23획	· 공명격(功名格) · 개화만발지상(開花萬發之像)

이 사주는 육음조양격에 파격이 된 사주이다. 조양에 금기인 화(火)를 보았으며 더군다나 대운이 목(木)으로 흐르니 조양을 더욱 파한 사주이다.

사주와 이름에 관하여 그 관계변화를 살펴보도록 하겠다.

상기 이름은 수리오행으로 보면 19획을 빼고는 나쁜 것이 없다. 그러면 19획을 벗어난 나머지 상징은 분명히 좋은 것이 되어야 하는데 왜 나쁘냐를 한번 짚어 보도록 하겠다.

먼저 사주를 감명해 보면 관과 식상이 싸우는 사주이다. 고로 자식을 낳고 이별하는 것은 사주로는 당연하다 하겠다.

대운을 보면 28세까지 수(水)운이 오다가 29세부터 갑자기 목(木)운이 온다. 결국 29세 이후에 자식을 낳고 남편과 헤어졌다는 이야기며, 29세 이후에 목운이 오니 사주에 화(火)가 남편인데 그 화가 살아나기 위해 사주가 요동을 치고 있다.

그러나 원초적인 사주에 수(水)가 화(火)를 끄고 있으므로 사주에 수는 자식이요, 화는 남편이 되는 것이니, 자식이 그 남편이 들어옴, 즉 화가 살아남을 용서를 못한다. 결국 이러한 사주의 구성은 자식을 출생하면 부부가 파하게 되는데, 특히 자식을 하나 낳는 경우와 둘 낳는 경우는 많은 차이가 발생한다.

왜냐하면 수가 하나의 힘이 강하겠는가, 둘의 힘이 강하겠는가. 하나보다는 둘이 힘이 강하니, 즉 물(자식)이 하나보다는 둘이 화를 끄는 힘이 강하다는 뜻이다.

만약에 한 명만 낳고 힘들더라도 살았다면 그런대로 해로할 수 있었겠으나 그 사주에 원초적인 힘이 강하니 아마도 부부간에 풍파를 많이 겪으며 살게 되었을 것이다. 그러나 이혼까지는 안 하였으리라 생각한다.

만약에 목운이 없었다면 그렇게까지는 남편을 그리워하지는 않았을 것이나 목운이 오니 그 화가 힘을 발하기에 그 남편이 그리워 애간장을 태우며 살게 된 사주이다.

또한 대운을 떠나서 해석해 보더라도 사주에 사미(巳未)가 합을 하니(巳는 남편, 未는 내 몸), 남편이 비록 다른 여자를 만나 떠났으나 그 합이 그리워, 즉 남편이 그리워 애간장 태우는 형상이 되는 것이다.

그러나 중간에 해(亥는 자식)가 방해를 하니 결코 그 합을 이루기가 어렵다. 해(亥)는 밤이요 정화(丁火)는 달빛을 상징하는데 밤에 달빛 밑에서 고독을 씹으며 남편을 기다리는 그러한 가여운 여인이 된 것이다.

그런데 이름에서도 절묘하게 월(月)을 나타내고 있으며 이름에 월은 사주에 정화를 상징한다고 보아도 된다. 특히 월에는 冂이 있고, 그 중간에 두 이(二)가 있어 두 사람이 나누어 가지게 된다는 뜻이요, 밑이 벌어져 있으니 이는 '문이 열리다, 들어올 수도 있다' 라고 해석하며, 들어올 수 있는 가능성과 나갈 수 있는 가능성을 동시에 내포하는 고로 남편이 나간 것이다. 나와 대화하는 중에 들어올 수 있다는 생각에 문을 열어 놓고 기다린다는 그러한 말을 하게 된 것이다. 물론 약간은 과장된 표현이 되겠으나 그러한 심사가 있는 것은 확실할 것이다.

다음 순(順)에 보면 川은 냇물의 흐르는 모양을 나타낸 것일 수도 있으나 옆에 보면 頁는 '두통'을 상징한다.

거의 모든 정자나 누각은 시냇가에 있는 것인데 이는 머리가 아프니 시냇가의 정자에 앉아 머리를 식히고 또는 이 생각 저 생각에 골 아픈 머리를 비운다는 뜻도 되는 것인데, 결국 냇가에서 머리가 아파 이 생각 저 생각에, 흐르는 물을 '갈라지다, 분산하다, 나누어지다'로 해석하니, 달밤에 남편을 나누어 가지는 형상이 일어나게 된 것이다.

결국 달밤에 정자에 앉아 문을 열어놓고 냇물에 비친 달빛을 보면서 떠나간 낭군을 그리워하게 되는 것이다. 또한 물의 주특기는 한 번 가면 다시 돌아오지 않는 것인데 그 물이 흘러가듯이 남편도 흘러가 버렸다는 뜻이다.

법(法) 자를 본다고 해도 물수(氵) 변에 갈 거(去)를 쓰는 이유도 물이 흘러가듯이 순응하라는 것이요, 물이란 흐르다가 돌에도 부딪히고 바위에도 부딪히고 때로는 큰 언덕에도 부딪히는 것인데 그럴 때 그것을 악착같이 뚫고 지나가는 것이 아니라 다시 다른 곳을 찾아, 즉 가장 낮은 곳을 찾아 천천히 흘러간다.

그것과 같이 순세하라고 법 자가 있는 것이라 생각한다. 그런데 이분은 물론 순세라 할 수도 있으나 과거 속에서 늘 갇혀 살고 있었으며 보통 사람 같으면 벌써 재혼을 하였거나 남자 친구를 두었을 것인데 전혀 그렇지 않고 독수로 남아 떠난 남편을 그리면서 살고 있다는 것이 참으로 안타까웠다.

그러나 그 나름대로 어떻게 사랑을 하든지 간에 고귀한 사랑이 되는 것이니, 내가 여기에서 이렇다 저렇다 말하는 것은 월권이라 생각하여 그것을 평할 수는 없을 것이다.

여기에서 중요한 것은 어째서 우연의 일치로 이러한 이름이 주어졌느냐의 문제인데 참으로 해석이 난감하다. 앞에서도 말했듯이 이름과 사주가 일치하는 경우를 너무나 많이 보아 왔다. 그것이 아마도 팔자인지 아닌지는 모르겠으나 참으로 아이러니한 것은 이름과 사주가 부합한다는 사실에 감탄을 금할 수가 없었다.

그분을 생각하며 시를 한 수 적어 본다. 비록 시에 관해서는 작문을 할 줄 모르더라도 내 나름대로 그분과 대화한 것을 한 수의 시로 위로의 심사를 전하고 부디 소원하는 바를 이루기를 진심으로 바란다.

천하미인 달빛속에 살포시서 웃음짓고
절세가인 월순이가 초승달을 품어졌네
별달님을 애인삼아 긴긴밤을 보낼적에
하늘에선 나를보고 그만눈물 멈추라오
칼바람이 춤을추는 동지섣달 긴긴밤을
선잠자다 밖을보며 낭군얼굴 그리운다
하늘에선 별님들이 나를보고 같이울고
진눈깨비 겨울눈도 허드래의 춤을추네

타는가슴 달래려고 이방저방 기웃기웃
어린아이 숨소리에 이내가슴 뭉클한데
백년가약 서방님은 어느때나 다시올까
현관문을 열어놓고 선잠자고 기다린다
그깟도둑 든다해도 무얼그리 두려우며
월순심사 밤손님도 동지되어 울어줄라
낭군도둑 몹쓸여인 희희낙락 웃음소리
바람따라 전달할제 이내속은 멍이든다
몽상사랑 하였지만 허망하기 짝이없어
몽중행복 위안삼아 하루하루 보내노라

밥상머리 마주앉은 예쁜자식 얼굴마저
차마보지 못하는건 못난나의 몰골이요
국물속에 동태눈도 나를보고 희롱하니
눈물콧물 흘리면서 한끼끼니 때우노라
토끼자식 티없음에 이내마음 녹았지만
맑은미소 띄우고서 두자식을 품에안네

빨간루즈 칠하고서 출근도장 찍어봐도
뚱보사장 곁눈질이 뒷통수에 오물이라
세끼끼니 해결함에 서럽기가 그지없어
쓴웃음에 무딘다리 무겁기가 그지없네
저문태양 뒤로하고 현관문을 들어설제
두자식이 반겨줌이 나의행복 아니더냐

【참고】 월순이라고 다 그런 것은 아니며 사주에 따라 다소 차이가 있다.

에피소드 · 08
정신병이 치료되다

세상에서 제일 불행한 것은 무엇일까. 여러 가지가 있을 수 있으나 가장 불행이라면 자기 자신이 잉여의 몸이 되는 것이고, 그 다음 불행이라면 아마도 정신을 잃어버리는 것이 아닌가 싶다.

정신을 잃어버리면 물론 아무것도 모르니 행복할 수도 있으나 인간으로서의 값어치는 없기 때문에 정신을 잃어버리는 것이 많이 불행하다고 보고 있다.

물론 현대인들은 모두가 약간의 정신적인 문제가 있다고 해도 그것은 보편적으로 생활에 불편을 주는 정도는 아니기에 크게 문제시 될 수는 없으나 그것이 과중하여 정신적인 히스테리, 노이로제, 신경쇠약, 정신착란이라는 고뇌를 겪는다면 심히 불행한 것이다.

그런데 한 중년부인이 따님의 사주를 넣었다. 그래서 이런저런 이야기를 하다가 이름에 관해 하문을 하는 고로 내가 이름을 물어보니 다음과 같이 형성되었다. 따님은 심성은 아주 착하고 아름다우며 더 나무랄 데가 없는 아름다운 여인이라고 하였다.

그 사주를 한번 적어 보도록 하겠다.

[사주]

시	일	월	년
戊	辛	癸	癸
子	酉	亥	丑

[오행]

시	일	월	년
土	金	水	水
水	金	水	土

[이름] 최인경

崔	최, 11획
姻	혼인 인, 9획
逕	소로 경, 14획

[수리해설]

원격	14+9=23획	·공명격(功名格) ·개화만발지상(開花萬發之像)
형격	9+11=20획	·허망격(虛望格) ·만사허무지상(萬事空虛之像)
이격	14+11=25획	·안전격(安全格) ·순풍항해지상(順風航海之像)
정격	14+11+9=34획	·파멸격(破滅格) ·평지풍파지상(平地風波之像)

이 사주도 육음조양격이라는 사주이다.

조양격에 금기는 신약사주인데 이 사주는 신이 너무 약한 고로 조양의 역할을 할 수가 없다. 즉 사(巳)를 끌어들여 쓸 수가 없다는 뜻이다.

상기의 사주와 이름을 자세히 풀어 보면 참 묘한 것을 느낄 수가 있다. 먼저 수리오행이야 상기에 써 놓은 대로 흉명이 되는 것은 당연한 것인데 이를 풀이해 보면 만사가 허무하여 파멸을 느끼는 지상이다.

만사가 허무란 것은 모든 것에 의욕이 상실한다는 뜻이고, 그 의욕에 상실의 꽃이 핀다는 뜻은 무슨 뜻인가. 이는 신경쇠약의 허무가 꽃이 핀다는 것과 같다.

그것은 별개로 치더라도 인 자와 경 자를 한번 파자해 보겠다.

먼저 인(姻) 자 앞에는 여인 여(女)가 있고 그 옆에는 입 구 안에 큰 대가 나타나 있다. 이것이 문제가 되는데 큰 나가 입 속에 갇혀 있는 형상이다.

나는(大) 입구(口) 안에, 즉 몸 안에 갇혀 허우적거리는 형상이며, 인(因)은 감옥, 병마, 수옥살이라 하여 사주에는 법망을 보는 자이다. 법이 아니더라도 병마나 잉여(감옥에 구속되다, 갇히다의 뜻) 또는 오랫동안 활동 정지로 보는 것인데 그 자의의 의미가 강력하게 일어나고 있다.

다음 경(逕) 자를 보면 참으로 운명과 일치함에 놀람을 금치 못한다. 경 자에는 뇌출혈의 피를 상징하고 혈질을 상징한다. 보편적으로 이러한 자가 들어간 이름은 혈질 계열의 병이 많이 일어나고 두통이나 치매 환자가 많다.

그런데 경 자에 그것이 강력하게 작용하고 있고, 밑에 공(工)은 선비 사(士)와 하나 일(一) 자가 합하여 공이 되어 있다. 선비(즉 나,

글, 신경, 이치, 사물의 판단력)란 자가 앉아 있는데 그 공이 나의 뇌, 즉 머리를 힘겹게 받치고 있는 형이다.

책받침부에 길(辶)은 난간이요, 어려움이요, 피곤함을 상징하는 것이 아닌가. 즉 길을 가는데 피곤하게 이것저것 생각하다가 이내 몸이 지쳐서 뇌가 터진 형상의 그림이 성립되는 것이다. 때문에 이름에서도 강력하게 신경의 문제를 나타내고 있다.

그런 중 사주도 극신약한 중에 상관의 힘이 강력하여 나의 기운을 설기시키니 상관은 여명에 자식이 되는 고로 자식을 낳자 신경쇠약에 걸리게 된 것이다. 사주에 화(火)가 없으니 항상 찬바람이 나고 자기의 세상 속에서 냉랭하게 고민만 하며 겉으로 잘 나타내지 못하니 그것이 병이 되어 신경쇠약을 앓게 된 것이다.

이럴 때 만약에 이름을 개명한다면 물론 획도 맞추어 짓는 것은 당연하나 먼저 나의 금기(金氣)를 살려 내 힘을 보조하는 것이 최상의 방법일 것이니 토금을 보하여 작명하는 것은 당연하다 하겠다.

그런데 이 사주에 목이 없으니 목을 넣는다거나 화가 없으니 화를 넣는다고 한다면 심히 우려하지 않을 수가 없으니, 사주와 이름의 불가분의 관계를 깊이 깨우치는 것이 관건이 아닌가 하는 생각을 해 본다.

그런데 그 사주에는 일시에 귀문관살이 들어 그 일주를 배척하는 형상이 일어나는 사주였다. 참 기가 막히는 것은 그 사주의 힘에 그렇게 놀아나야 한다는 사실이었고 그 지배 하에 인간이 꼼짝을 못한다는 사실이었다.

아직도 기억에 생생한 것은 여러 가지 방법 중에서 부차적으로 이름을 개명하여 주었다. 물론 귀문관살도 등한시해서는 안 될 것이다. 그런데 이름에서 인수를 살리고 그 치는 자를 이름의 오행에 넣음으로써 그 점은 좀 순화되는 것이 아닌가.

그러고 난 후 몇 년인가 세월이 흘렀는데 그 따님과 모친이 다시 왔다. 물론 많이 좋아졌으며 이제 정상적인 생활을 영위한다고 하여 매우 반가웠다. 사실 그동안 많이 궁금했는데 그렇다고 내가 그 사람에게 전화를 할 수는 없지 않은가. 내가 '사주카페 에세이'에도 써 놓았지만 절대로 손님에게 전화를 하는 것은 금기사항에 든다고 본다.

물론 전적으로 개명해서 치유되었다고 하면 좀 그렇고, 아마도 의사선생님의 공이 가장 컸을 것이고, 그 다음이 본인의 노력이었을 것이고, 그 다음이 나의 공도 약간은 있지 않았나 생각을 하니 매우 기분이 좋았다.

철학관을 하면서 제일 기분 좋은 것은 그 사람이 먼 훗날 왔을 때 좋은 소식을 가지고 찾아올 때이다. 나쁜 비사가 전해지면 왠지 나의 책임인 것 같아서 나의 무능력을 통탄할 때도 많았다. 그러나 세월이 세월인지라 이제는 무덤덤해지는 나를 보니 나도 때로는 내가 참 싫어진다. 가을의 낙엽처럼 나도 이제는 무디어지는 것이 아닌지 항상 돌아보고 반성을 하지만 어찌된 것인지 나이는 속일 수 없는가 보다.

세상에는 모든 것에 원인이 있고 그 원인 속에서 결과가 일어나는 것이니 사주나 이름을 별개로 치더라도 원인 분석을 잘하면 아마도 어떠한 문제도 해결의 답이 있다고 보며, 그 나쁜 원인을 알았으니 그것을 반복하지는 않을 것이 아닌가.

참고로 이름에서 신경쇠약을 알 수도 있는데 이는 이름 하나만으로는 불가하다. 그것보다는 사주에 극신약하거나 귀문관살이 발동을 하는데 신약사주가 이름에서 더욱 신약사주로 일으키는 영동이라면 그것은 가중이 될 것이다.

꼭 신경쇠약만 얘기하는 것이 아니라 기타 질병이나 사고, 재물 파산을 막론하고 그러한 현상을 가중하느냐 아니면 무마를 시키느냐가 관건이라고 생각한다.

에피소드 · 09
공부 걱정 하지 마소

    인간이 동물과 다른 점은 글을 안다는 것이요, 말을 한다는 것이다. 사람이 말을 함으로써 글이 생긴 것이고 그 글은 의사표현의 한 방법으로 통용되고 있다.

    우리의 아이들이 또는 내가 공부를 한다는 것은 인간이기에 가능하다. 물론 공부를 잘하여 판검사가 되어 유명한 정치인이 되고 기타 사회에 출세한 사람이 되지는 않더라도 나름대로 사회생활을 하는 기본지식을 습득해야 할 것이고, 비록 출세를 못한다고 해도 끊임없이 공부해야 할 것이다. 자기의 목표달성에 있어 공부를 등한시하고는 결코 목표를 이룰 수 없기 때문이다.

    옛말에 너무 이론만 좋아하면 이론이 앞서니 실행하기가 어렵고, 너무 모르면 무식하여 어떤 일을 잘할 수가 없고, 이것도 저것도 아니면 결코 큰 일을 할 수가 없다는 말이 있다. 그런데 과연 그 중에서 중화의 지도를 취하여 가장 현명하게 살 수 있는 방법은 무엇일까.

    상기에서의 고뇌는 일단 차후 성장해서의 고민일 것이고 나중에 무엇이 되든지 일단 학생은 공부가 우선권이다.

한 아주머니가 자제분의 이름을 넣었다.

그분은 외동딸을 두었는데 소중한 딸이 공부를 등한시하니 걱정이 되었을 것이다. 그런데 그 아주머니는 아이가 머리는 좋은데 공부를 안 해서 영 걱정이라고 하였다. 사실 그 아이는 아이큐가 130이 넘는 영재 축에 드는 아이였고 내가 보아도 공부는 아주 잘하는 아이였다. 그런데 이상하게도 초등학교 4학년부터 공부에는 아예 관심이 없고 노는 것만 좋아하게 되면서 약간의 문제가 발생하니 부모의 마음은 얼마나 갑갑했겠는가.

사주는 분명히 길한 사주였고 앞으로 교수나 박사급이 탄생하여 의사나 판검사 정도는 충분히 볼 수 있는 사주였다.

"선생님, 어디 가서 사주를 보아도 좋다고 하는데 왜 아이가 공부를 안 하는 것일까요? 아이큐 검사도 해 보았는데 아주 머리도 비상하고 뛰어난데 왜 그럴까요?" 하면서 나에게 사주를 보면서 이름에 관해 하문을 한 적이 있다.

그런데 내가 보아도 그 사주는 정말 좋았으며 반드시 한자리 할 수 있는 사주였다. 그런데 앞에서 반드시란 용어는 꼭 그렇게 될 수 있다는 전제의 논이니 만약에 안 한다면 이는 내가 오답을 내린 것이므로 분명히 나의 실력은 별 볼일이 없으며 공부를 다시 더 해야 한다는 결론이 나온다.

그래서 반드시란 용어는 모순이 있는 것은 확실하지만 그렇게 되리라고 생각한다. 왜냐하면 이분은 문제의 핵심을 정확히 짚고 있었고, 이미 의문점을 가졌다는 것은 그 문제를 해결할 수 있는 능력과 기회가 주어진다는 역설적인 답이 나온다.

나에게 사주를 보고 이름을 개명하거나 아니면 다른 곳에 가서 개명하거나를 별개로 치더라도 세상에는 노력하는 자를 이길 사람은 없다.

같은 공부를 해서 시험을 치는 10명의 사주를 보았을 때 분명히 10명 합격에 준하는 사주가 맞는데 왜 그중에서 한둘이 되고 나머지는 떨어지는 것일까?

한날한시에 씨를 뿌렸으나 그 씨앗이 자라나는 것은 다 다르고 어떤 씨는 발아도 하기 전에 죽어 버리고 어떤 씨는 중간에 자라나다가 죽어 버리는 경우도 있으며 어떤 씨는 유독 잘 자라나는 경우도 있을 것이다.

우리네 인생도 이와 같은데 비가 오면 도랑을 쳐주고 태양이 너무 뜨거워 가뭄이 들면 물을 주는 것과 같이 사주건 이름이건 하나의 노력이요 방편에 해당하는 것이다. 만약에 그것을 등한시하고 살아간다면 이 또한 가뭄이 들었는데도 물을 주지 않는 이치와 무엇이 다르단 말인가.

어떤 종교도 나름대로의 가뭄과 물과 같은 것이며 그것이 심리적으로 안정을 취하여 먼저 내가 편해야 주위를 둘러볼 수 있는 것이니 나의 안녕과 주위의 안녕과 가족의 안녕을 기원하는 것이다. 따라서 사주를 본다는 것 또는 이름을 개명한다는 것, 신생아의 이름을 짓는다는 것도 어떻게 보면 하나의 방법론이라 하겠다.

그런데 이분의 자제분이 성공한다고 보는 것은 첫째, 부모가 아주 자식에 정성을 들이고 있으니 등한시하는 것보다는 더 성공하는 것은 확실하겠고, 무언가 문제성을 찾아 해결하려고 하고 있으니 반드시란 용어를 쓰게 된 것이다.

  사람은 여러 부류가 있는데 자기 앞에서 자식이 잘못되어도 팔자려니 하는 부류가 있고, 자기 앞에서 자식이 잘못되면 왜라는 의문점을 가지는 부류가 있다.

  앞에 부류는 모든 것을 체념하는 부류일 것이고 이미 팔자려니 하면서 합리화하면 마음은 편하겠지만 더 이상 발전을 기대하기는 어렵다. 그런데 뒤에 부류는 의문점을 가졌으니 발전할 것이고 그 문제를 해결하니 앞날은 진취적이 될 것이다.

  그러면 그분의 사주와 이름을 한번 넣어 보도록 하겠다.

[사주]

시	일	월	년
戊	辛	己	癸
子	丑	未	酉

[오행]

시	일	월	년
土	金	土	水
水	土	土	金

67	57	47	37	27	17	7	
丙	乙	甲	癸	壬	辛	庚	대
寅	丑	子	亥	戌	酉	申	운

[이름]

裵	배, 14획
瑩	귀막이옥 영, 15획
校	학교 교, 10획

[수리해설]

원격	10+15=25획	·안전격(安全格) ·순풍항해지상(順風航海之像)
형격	15+14= 29획	·성공격(成功格) ·신록유실지상(新綠有實之像)
이격	10+14=24획	·입신격(安全格) ·우후개화지상(順風航海之像)
정격	10+15+14=39획	·안락격(安樂格) ·개화영춘지상(開花迎春之像)

상기 사주의 여명은 좀 특이한 육음조양격의 사주이다.

앞에서의 신경쇠약의 최인경 사주도 육음조양격이고, 달밤에 월순이도 육음조양격이다. 같은 육음조양격이라 하나 그 사주의 나타남에 따라 천태만상의 답이 나옴을 알 수 있다.

때문에 이렇게 하나의 격에도 수많은 변화가 일어나는 것이니 어떻게 사주도 잘 모르면서 획수만 맞추어 이름을 지을 수 있단 말인가. 결국 가장 중요한 것은 사주를 판단하는 능력이 아닐까 생각한다.

이 사주는 육음조양격에 진격이란 사주인데 기뻐하는 사계에 출생하였으며 일주의 힘이 강하여 충분히 사를 끌어다 쓸 수 있는 사주이다. 고로 대격의 구성을 갖추었고 사주에 무화무목하여 아름답기가 이를 데 없는 사주이다.

만약에 이 사주에 화를 보거나 목을 보았다면 격이 파하는 것인데 특히 화를 보면 사주가 천격으로 바뀌어 조양격의 급수가 못 쓰는 급수가 되니 무화하여 대성할 사주이다. 그리고 사오남방운도 평생에 없으며 67세 넘어야 화가 들어오니 그 이전까지는 승승장구를 하게 될 것이다.

그런데 이 사주의 이름을 보면 아주 특이하다.

이름에 영(榮) 자는 불덩이가 하늘에서 활활 타오르고 있으며 교(校) 자는 나무목이 들어가니 나무는 불에 더한층 염천을 일으키는 고로 이름은 최악의 이름이 되었다. 이 사주가 육음조양격이라는 것을 모르고 이렇게 이름을 지은 것 같은데(물론 집에서 지었음) 만약에 그분이 육음조양격에 화는 금기란 것을 알았으면 그렇게 작명하지 않았으리라 생각한다.

이 이름을 초등학생까지 계속 부르니 그 영동(이름에 신령의 움직임)이 발휘하여 조양격이 사를 당겨 와서 관인을 써야 하는데 아마도 방해를 받게 되었을 것이다. 고로 하루하루가 지나자 뭔가 일이 잘 안 풀리고 학교에서 말썽이 일어나 틱 장애까지 일어나 병원치료를 받게 되니 부모의 애간장을 녹이게 된 것이다. 여기에서 알아야 할 문제는 만약 이 사주가 평범한 사주가 아니라는 것을 먼저 알고 이름을 지었다면 어떻게 되었을까.

조양격이란 좀 어려운 격인데 자중 계수가 사중에 있는 무토를 동경하여 사중에 있는 병화는 관으로 쓰고 동거중인 무토는 신일의 인수를 쓴다는 특수한 요격 원리이다.

고로 그것을 본인이 몰랐으니 사주에 화가 없고 목이 없으니 이름 작명법의 획수배열을 맞추어 상기와 같이 이름을 지은 것이다.

언뜻 보면 아주 완벽한 이름은 확실하나 자세히 사주를 보니 아주 흉명이 되었다는 것을 알 수 있겠다.

물론 지금은 아주 공부를 잘하고 개명을 함으로써 그 영동은 멈추게 되었다. 아마 이 사주는 앞으로 박사학위를 받게 될 것이고, 본인이 소망하는 판검사 정도는 충분히 되리라 생각된다.

그 개명한 이름을 안 밝히는 것은 행여나 그분에게 또는 학생에게 누가 될 수도 있기 때문이다.

결론은 이름은 사주에 부합해야 한다는 논과 절대적으로 사주에 부합하지 않은 논의 이름은 아무리 획이 맞아도 결코 좋은 이름이 될 수 없다는 논이 다시 한 번 입증되지 않나 생각한다.

이분이 오셔서 현재 아주 공부를 잘하고 있다고 하였다. 정말로 그 이후 몇 달이 지나자 아이가 마음을 잡고 열심히 공부를 시작하더니 나날이 특등생으로 두각을 나타내었으며, 착하고 이쁜 학생으로 타의 모범이 되었다고 하니 참 기뻤다.

나의 공이라기보다는 아마 그 학생의 복이며 또한 그 집안의 복이지 않나 생각한다. 그러나 약간은 나의 공도 인정해 주길 바라는 마음이 들어서 혼자 씩 웃어 본다.

부디 그 학생이 더욱 열심히 공부하여 이 나라에 큰 인물이 되시길 진심으로 바라며 기도해 본다.

에피소드 · 10
꽃송이가 떨어지다

　가을은 참 풍요로운 계절인 것 같다. 모든 이들이 풍요로운 들판을 보면 마음이 흐뭇할 것이고, 비록 나의 곡식은 아니나 나의 것과 같은 생각이 드는 것은 비단 나뿐만은 아니리라.

　가을이 되면 곡식이 키가 크든 아직 덜 자랐든 간에 서둘러 열매를 맺으려고 한다. 이제 곧 겨울이 오니 서둘러 씨앗을 맺어 자기의 후손을 낳고 싶을 것이다. 때문에 계속 자라기만 하다가 어느 날 숙살지기가 와서 초목이 초토화되어 괜히 욕심만 내다가 자기의 후세도 못 두고 간다면 너무나 억울하지 않겠는가.

　식물들은 인간보다도 더 현명하게 그때를 알고 처세하는지도 모른다는 생각을 해 본다. 가을하늘이든 봄하늘이든 하늘은 늘 높고 변화가 많다.

　참 특이한 이름을 본 적이 있는데 그분은 가을에 난 사주였고 한 송이 꽃이 피어 있는 사주였다. 그런데 이름에 가을하늘 민(旻)과 비 우(雨) 자를 썼는데 그분의 사주를 기록해 보도록 하겠다.

[사주]

시	일	월	년
丙	乙	乙	庚
子	未	酉	戌

[오행]

시	일	월	년
火	木	木	金
水	土	金	土

[이름] 유민우

柳	유, 9획
旻	가을하늘 민, 8획
雨	비 우, 8획

[수리해설]

원격	8+8=16획	·덕망격(德望格) ·온후유덕지상(溫厚有德之像)
형격	8+9=17획	·건창격(健暢格) ·건전창달지상(健全暢達之像)
이격	9+8=17획	·건창격(健暢格) ·건전창달지상(健全暢達之像)
정격	9+8+8획=25획	·안전격(安全格) ·순풍항해지상(順風航海之像)

이 사주는 육을서귀격이 파격으로 변한 사주이다.

가을 나무가 시에 병화(丙火)를 보아 꽃이 활짝 피어 열매(未土)를 맺은 사주로 월에 유금(酉金)을 보았으며 연상에 경금(庚金)을 보았으니 육을서귀격에 파격이 되었으니 별격으로 추리해야 할 것이다.

이 사주에 가장 소중하게 여겨야 할 것이 시에 병화인데 이름을 자세히 보면 묘한 답이 나온다. 물론 획수로는 완벽하게 수리오행이 길로 되어 있으며 흠 잡기는 어려울 것이다. 그런데 사주에 일어나는 용신의 상황과 사주의 이치로는 좀 곤란한 이름이 됨을 볼 수 있다. 쉽게 얘기하면 가을에 비가 오는 이름이 된 것이다.

아마도 이 이름을 지은 것은 사주에 수가 약하니 을목이 신약하여 그 수의 힘이 보조되어 목을 살려야 한다는 논제에서 이름을 지었지 않나 생각한다.

그것은 목이 신약하고 경유금이 있어 그 경유금을 인수, 즉 수가 와서 살인상생으로 변하여 그 강력한 금기를 수로 다스리고 을목을 생하는 수를 넣어야 한다는 생각일 수는 있다. 그러나 사주에 금이 병인 것은 확실한데 그 금세의 병을 시에 병화가 다스리고 있으니 병화를 소중하게 생각해야 한다. 즉 병약상제란 사주로 된 것이다.

그럼 사주와 이름의 변화를 한번 보도록 하겠다.

먼저 가을하늘 민(旻)을 풀이해 보면, 하늘은 '푸르다, 거칠다, 변화가 많다, 무한이다, 시련이다, 우주다, 날아가다, 차다, 어둡다'로 해석하게 된다. 민 자에 날 일(日)은 하늘을 더욱 상징하는데 가로 왈(曰)로 볼 수도 있으며, 입 구가 3개 있는 것으로도 볼 수 있다. 이는 내가 먹여 살려야 하는 입이 많다는 뜻이 형성되기도 한다. 역설로 말하면 무거운 짐을 지고 있다는 뜻으로도 해석할 수 있다.

또한 날 일은 밝음을 상징하기도 하지만 날은 해가 지면 밤, 즉 어두움도 상징한다. 즉 끊임없이 변화를 나타낸다는 뜻도 성립되는 것이다.

　그 밑에 글월 문(文) 자가 있는데, 글이 창성한다가 아니고 글이 창성하지 않는 날은 어두운 밤이며, 밤은 문맹으로도 나타내니 공부에 기복이 많아 학업시절에 공부가 들쑥날쑥해서 기복이 많았다는 뜻이 된다.

　나의 경험으로 보았을 때는 하늘 민 자를 쓰면 보편적으로 단명과 우수, 가정에 풍파를 겪는 경우를 많이 경험하였는데 그것은 아마도 하늘의 변화무쌍과 미지의 세계, 즉 사후 세계를 이야기하니 그것이 명과 연관되어서이지 않나 보고 있다. 그건 그렇고 다음 공부, 즉 문 자와 민 자를 종합해 보면 낮에는 밝으니 성적이 잘 나올 것이고, 밤에는 어두우니 성적이 잘 나오지 않았을 것이다.

　다음 비 우(雨)를 보면 비는 우수요, 슬픔이요, 가을에 내리는 비는 그 슬픔이 배가한다. 이는 가을비는 찬 기운을 내포하기 때문에 그 슬픔이 배가하는 것인데 비 우 속에 있는 丁은 양쪽을 갈라놓은 슬픔이 되는 것이니 이는 가정이 되지 않겠는가. 고로 부모님의 슬픔, 즉 이별은 피할 수가 없었다.

　다시 한번 정리해 보면 가을에 비가 오니 하늘은 먹구름이 끼고 태양이 흑운차일하여 그 태양을 받기가 어려웠던 고로 이는 가정에, 즉 초년에 따뜻한 집에서 성장하기가 어려웠다는 답이 나온다.

　하늘이 변화무쌍한 고로 그것이 나의 인생이 되어 살아가는 데 기복이 너무 많았으며, 학창시절에는 때로는 일등 때로는 꼴찌를 반복하여 그 성적에 기복이 많게 되었고, 꽃이 비에 맞아 떨어졌으니 쭉정이 과일로 변한다는 뜻이다.

이는 모든 일처리에 있어서 그 결과론이 신통치 않게 되었으며 늘 아랫사람으로 인하여 위해를 당하고 손재를 입었다는 뜻을 나타내고 있는 것이라 본다.

하여 비록 획수로는 이상이 없는 이름인 것은 확실하나 그 이름에 영동과 사주에 부합하지 않는 이름은 아무리 뜻이 좋고 나쁘고를 떠나서 좋은 이름이라 할 수 없다고 보고 있다.

지금은 다른 이름으로 개명하였으니 다른 옷을 입고 살고 있겠지만 만약에 이 이름을 지었을 때 갑목(등라계갑)과 화(일주병을 제함)를 상징하는 이름을 지었으면 사주와 일치하게 될 것이고 좀 더 좋은 이름이 된 것은 확실하다 하겠다.

물론 이 이름은 철학관에서 지은 이름은 아닐 것이라 생각하며 본인이 혼자 집에서 지었지 않나 생각한다.

> 【참고】 상기에 나오는 사주와 이름은 개명한 지가 매우 오래되어 누군지를 알기가 어렵기 때문에 이름과 사주를 넣었다. 그 개명한 이름은 그분의 명예와 직결되므로 기록을 안 하였음을 밝히며 최대한 보호하려고 노력하였다. 또한 상기의 이름에 나오는 자의나 형상이 모든 사람에게 해당되는 것이 아니라 사주에 따라서 다소간에 차이가 날 수 있음을 밝힌다.

제3장

사주의 육갑(六甲)과 오행학

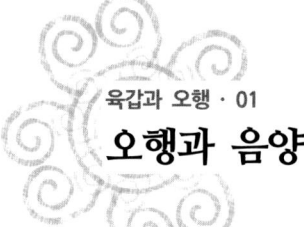

육갑과 오행 · 01

오행과 음양

1) 오행(五行)이란
木, 火, 土, 金, 水를 말한다.

2) 음양(陰陽)이란
음양은 모든 사물의 근본이라. 일찍부터 동양사상은 모든 사물을 음양으로 구분하여 생각했다. 남과 여, 하늘과 땅, 해와 달, 전기에도 음극과 양극이 있듯이 사주학은 음양과 오행의 조화 변통을 연구하는 학문이다.

▋천간

甲(갑)   乙(을)   丙(병)   丁(정)   戊(무)

己(기)   庚(경)   辛(신)   壬(임)   癸(계)

▋십이지지

子(자, 쥐)   丑(축, 소)   寅(인, 범)   卯(묘, 토끼)

辰(진, 용)　　　巳(사, 뱀)　　　午(오, 말)　　　未(미, 양)

申(신, 원숭이)　酉(유, 닭)　　　戌(술, 개)　　　亥(해, 돼지)

3) 간지(干支)의 오행(五行)

┃천간

甲乙=木　　丙丁=火　　戊己=土　　庚辛=金　　壬癸=水

┃지지

子=水　　丑=土　　寅=木　　卯=木　　辰=土　　巳=火

午=火　　未=土　　申=金　　酉=金　　戌=土　　亥=水

즉 寅卯는 木이요, 巳午는 火이고,

申酉는 金이요, 亥子는 水며, 丑辰未戌은 土다.

4) 간지(干支)의 음양(陰陽)

┃천간 음양

甲=陽　　乙=陰　　丙=陽　　丁=陰　　戊=陽

己=陰　　庚=陽　　辛=陰　　壬=陽　　癸=陰

즉, 甲丙戊庚壬은 陽이요,

乙丁己辛癸는 陰이라.

▍지지 음양

子=陽　　丑=陰　　寅=陽　　卯=陰　　辰=陽　　巳=陰

午=陽　　未=陰　　申=陽　　酉=陰　　戌=陽　　亥=陰

즉, 子寅辰午申戌은 陽이요,
丑卯巳未酉亥는 陰이라.

육갑과 오행· 02
오행 상생(相生) 및 상극(相剋)

1) 상생 관계
각 오행에는 상생 관계가 있다.

木生火　　火生土　　土生金　　金生水　　水生木

2) 상극 관계
각 오행에는 상극 관계가 있다.

金剋木　　木剋土　　土剋水　　水剋火　　火剋金

【참고】 상기의 오행학이나 사주학은 매우 어렵고 난해하여 단편적으로 설명하기는 곤란하다. 그것은 사주학을 수십 년 공부한다고 해도 깨우치기가 매우 어려운 고로 이 장에서는 생략하니 참고하시기 바란다. 궁금하시면 본인의 저서에 사주학에 관해 기초부터 고급단계까지 체계화시켜 놓은 것이 있으니 참고하시기 바란다.

제4장

좋은 이름 작명하는 방법

상기에서도 대략 설명하였지만 보편적으로 획수에 치중함을 많이 본다. 물론 내가 설명한 물상론이나 파자법이나 사주론은 매우 어렵고 난해하다. 이 장에서는 그것을 일일이 설명할 수가 없으므로 단편적으로 획을 맞추는 방법과 불용문자나 기타 일반론에 근거하여 이름 짓는 법을 설명하고자 한다.

작명법 · 01
음오행이란?

음오행이란 국문으로 그 발음을 보는 것을 말하는데 이를 예시하면 다음과 같다.

오행	주음(主音)	종음(從音)	음성(音性)
木	가, 카	ㄱ	아음(牙音)
火	나, 다, 라, 타	ㄴ, ㄷ, ㄹ, ㅌ	설음(舌音)
土	아, 하	ㅇ, ㅎ	후음(喉音)
金	사, 자, 차	ㅅ, ㅈ, ㅊ	치음(齒音)
水	마, 바, 파	ㅁ, ㅂ, ㅍ	순음(脣音)

상기의 음오행은 각 자의에 나타나는 음적인 오행을 말한다. 예를 들어 '김동수'라는 이름이 있다면 김은 'ㄱ'으로 하였으니 목을 상징하고, 동은 'ㄷ'으로 시작하니 화를 상징하고, 수는 'ㅅ'으로 시작하였으니 금을 상징한다. 고로 김동수란 이름의 음오행은 목화금이라.

【참고】 필자는 이 음오행이 별 의미가 없다고 본다.

작명법 · 02

획오행이란?

획오행이란 뜻은 이름에 성씨와 이름의 중간과 끝자를 합한 자를 말한다. 예를 들어 한문에 김(金), 동(東), 수(秀)라 하였을 때 김은 8획이요, 동도 8획이요, 수는 7획이다.

金(8획)	金	성씨의 고유획이 오행을 나타낸다.
東(8획)	土	성씨와 중간자의 합수가 오행이 된다.
秀(7획)	土	중간자와 끝자의 합수가 오행이 된다.

1, 2는 목이요 3, 4는 화요 5, 6은 토이며 7, 8은 금이고 9, 10은 수이다.

앞에서 김동수란 이름의 성씨는 김씨가 8획이니 금이 되는 것이며, 김과 동이 합한 수가 16이니 10을 버리고 그 나머지 수가 6이되니 토가 되는 것이며, 동과 수를 합하니 15가 되는데 10을 버리고 나머지 5가 남으니 토가 되는 것이다. 여기서 주의할 점은 10이나 20이나를 막론하고 그 수는 버리고 나머지 1, 2, 3, 4, 5, 6, 7, 8, 9, 10으로 한다는 뜻이다. 하여 10도 수가 된다.

작명법 · 03
원형이정이란?

가장 치중하고 많이 알고 있는 원, 형, 이, 총을 말한다. 즉 원격, 형격, 이격, 정격(총격)을 말하는데 보는 방법은 중간 자와 끝에 자를 원격이라고 하여 이는 주로 초년운을 보고 있으며, 중간 자와 성씨를 합한 자를 이격이라 하여 장년이나 중년을 보고 있으며, 성씨와 끝에 자를 합한 자를 중장년으로 보고 있으며, 전체 자를 합한 자를 노년이라 하기도 하고 이름의 전체 운세를 판단하기도 한다.

이는 그 글자의 획수로 분리하는 것이다.

예를 들면 '김동수'라는 한자는 김은 8, 동은 8, 수는 7이라고 하였을 때 원격은 끝에 자와 중간자를 합하면 15가 나온다. 그러면 15획이 원격으로 작성되고, 다음 형격은 중간자 8과 성씨의 8자를 합하면 16획이 된다. 그러면 그것이 형격으로 형성되고, 성씨의 8과 끝에 자 7이 합하면 15획이 되는데 이것이 이격으로 형성되고, 성과 이름을 합한 자가 총 23획이 되는데 이것이 정격 또는 총격이라 칭한다.

[수리해설] 김(金, 8획) 동(東, 8획) 수(秀, 7획)

원격	동 8 + 수 7 = 15획
형격	동 8 + 김 8 = 16획
이격	김 8 + 수 7 = 15획
정격	김 8 + 동 8 + 수 7 = 23획

▎성과 이름이 합하여 두 자일 때

[수리해설] 김(金, 8획) 대(3획, 大)

원격	3획
형격	8획
이격	8획
정격	8 + 13 = 11획

【주】원격은 이름의 끝 자를 원격으로 하고, 성씨의 고유자로 형격을 하고, 성씨의 고유자로 이격을 하며, 총격은 성과 이름을 합한 자로 한다.

▎성씨가 두 자이고, 이름이 두 자일 때

[수리해설] 남궁(南, 9획 宮, 10획 총 19획) 일(日, 4획) 대(大, 3획)

원격	일 4 + 대 3 = 7획
형격	남궁성 19 + 일 4 = 23획
이격	남궁성 19 + 대 3 = 22획
정격	19 + 4 + 3 = 26획

작명법 · 04
한글 이름의 획수 계산법

요즘은 부모들이 한글로 이름을 지어 주는 경우도 있다. 이 경우도 한글을 쓰는 획의 원칙을 따르는데 예를 들어서 갑이라고 하였을 경우에 'ㄱ'은 1획, 'ㅏ'은 2획, 'ㅑ'는 3획 등으로 표시한다.

▎자음획수 산출법

분류	1획	2획	3획	4획
한글자음	ㄱ, ㄴ, ㅇ	ㄷ, ㅅ, ㅋ	ㄹ, ㅌ, ㅈ, ㅎ	ㅂ, ㅊ, ㅍ

▎모음획수 산출법

분류	1획	2획	3획
한글모음	ㅡ, ㅣ	ㅏ, ㅓ, ㅗ	ㅑ, ㅕ, ㅛ

한글 획수는 자음과 모음을 합하여 계산하며 위의 도표를 기준으로 계산한다. 만약에 '한동'이라고 한다면 한은 6획이요, 동은 5획이 된다.

작명법 · 05

성씨의 분류와 배열법

▌성씨의 획수별 분류

획수	한자				
2획	乃(내)	卜(복)	丁(정)	又(우)	入(입)
3획	干(간) 也(야)	弓(궁) 于(우)	大(대) 千(천)	凡(범)	山(산)
4획	孔(공) 木(목) 尹(윤) 天(천)	公(공) 方(방) 允(윤) 太(태)	今(금) 夫(부) 午(오) 巴(파)	文(문) 王(왕) 仁(인) 片(편)	毛(모) 元(원) 才(재) 卞(변)
5획	功(공) 石(석) 占(점) 玄(현)	丘(구) 申(신) 台(태) 乙支(을지)	甘(감) 召(소) 平(평)	白(백) 玉(옥) 皮(피)	史(사) 田(전) 弘(홍)
6획	光(광) 米(미) 安(안) 朱(주)	圭(규) 百(백) 伊(이) 全(전)	吉(길) 朴(박) 印(인)	老(노) 先(선) 任(임)	牟(모) 西(서) 在(재)
7획	江(강) 辛(신)	君(군) 呂(여)	甫(보) 李(이)	成(성) 吳(오)	宋(송) 余(여)

획수	한자				
7획	汝(여)	延(연)	位(위)	池(지)	廷(정)
	車(차)	何(하)	孝(효)		
8획	空(공)	季(계)	庚(경)	京(경)	具(구)
	金(김)	奇(기)	孟(맹)	明(명)	門(문)
	房(방)	奉(봉)	舍(사)	昔(석)	松(송)
	承(승)	沈(심)	岳(악)	林(임)	長(장)
	宗(종)	周(주)	昌(창)	卓(탁)	和(화)
9획	姜(강)	南(남)	段(단)	柳(류)	思(사)
	宣(선)	星(성)	信(신)	彦(언)	韋(위)
	兪(유)	禹(우)	貞(정)	俊(준)	秋(추)
	泰(태)	扁(편)	表(표)	河(하)	咸(함)
10획	剛(강)	高(고)	骨(골)	宮(궁)	俱(구)
	桂(계)	起(기)	唐(당)	馬(마)	芳(방)
	徐(서)	席(석)	素(소)	孫(손)	袁(원)
	芮(예)	殷(은)	曺(조)	晋(진)	眞(진)
	倉(창)	夏(하)	洪(홍)	花(화)	
11획	康(강)	强(강)	國(국)	麻(마)	梅(매)
	班(반)	邦(방)	彬(빈)	常(상)	卨(설)
	梁(양)	魚(어)	御(어)	尉(위)	異(이)
	張(장)	將(장)	章(장)	曹(조)	珠(주)
	崔(최)	票(표)	畢(필)	海(해)	許(허)
	胡(호)	扈(호)			
12획	景(경)	邱(구)	童(동)	閔(민)	빙(빙)
	象(상)	善(선)	邵(소)	順(순)	舜(순)
	荀(순)	勝(승)	雁(안)	堯(요)	雲(운)
	庾(유)	壹(일)	程(정)	曾(증)	智(지)
	彭(팽)	弼(필)	賀(하)	黃(황)	大實(대실)
	東方(동방)		小實(소실)		以先(이선)

부자 이름, 명품 이름

획수	한자				
13획	賈(가)	琴(금)	廉(렴)	路(로)	睦(목)
	新(신)	阿(아)	楊(양)	郁(욱)	慈(자)
	莊(장)	楚(초)	令孤(령고)		司空(사공)
14획	菊(국)	箕(기)	端(단)	裵(배)	鳳(봉)
	愼(신)	實(실)	榮(영)	溫(온)	趙(조)
	華(화)	公孫(공손)		西門(서문)	
15획	價(가)	葛(갈)	慶(경)	郭(곽)	廣(광)
	歐(구)	魯(노)	德(덕)	董(동)	滿(만)
	墨(묵)	葉(엽)	劉(유)	標(표)	漢(한)
	司馬(사마)				
16획	霍(곽)	盧(노)	潭(담)	都(도)	陶(도)
	道(도)	潘(반)	龍(용)	陸(육)	錢(전)
	諸(제)	陳(진)	皇甫(황보)		
17획	鞠(국)	獨(독)	謝(사)	嘗(상)	遜(손)
	鮮(선)	陽(양)	蓮(연)	위(위)	蔣(장)
	鍾(종)	蔡(채)	燭(촉)	鄒(추)	澤(택)
	韓(한)				
18획	簡(간)	瞿(구)	顔(안)	魏(위)	추(추)
19획	關(관)	龐(방)	薛(설)	薀(온)	鄭(정)
	南宮(남궁)		再會(재회)		
20획	羅(나)	釋(석)	嚴(엄)	鮮于(선우)	
21획	顧(고)	藤(등)	負鼎(부정)		
22획	鑑(감)	權(권)	邊(변)	蘇(소)	襲(습)
	隱(은)				

성씨에 따른 이름 배열법

괄호 안의 첫 자는 이름의 중간 자를 말함이고, 다음 자는 이름의 끝 자를 말함이다.

획수	배열법				
2획	(1 · 14)	(16 · 13)	(5 · 16)	(10 · 15)	(14 · 19)
	(9 · 6)				
3획	(5 · 10)	(8 · 10)	(4 · 4)	(10 · 8)	(14 · 15)
4획	(12 · 13)	(14 · 11)	(9 · 12)	(17 · 12)	(4 · 9)
5획	(8 · 8)	(8 · 16)	(8 · 10)	(6 · 18)	(3 · 10)
	(12 · 12)				
6획	(15 · 10)	(7 · 11)	(5 · 10)	(9 · 9)	(18 · 17)
	(18 · 5)				
7획	(8 · 9)	(6 · 11)	(8 · 8)	(17 · 14)	(8 · 16)
	(10 · 8)				
8획	(10 · 13)	(7 · 9)	(16 · 19)	(8 · 9)	(13 · 8)
	(5 · 16)	(21 · 8)	(17 · 7)		
9획	(8 · 7)	(8 · 8)	(6 · 9)	(8 · 15)	(8 · 16)
	(9 · 14)	(12 · 12)			
10획	(8 · 15)	(8 · 7)	(14 · 11)	(5 · 6)	(8 · 5)
11획	(10 · 14)	(7 · 6)	(14 · 7)	(4 · 14)	(2 · 5)
12획	(12 · 13)	(9 · 12)	(12 · 5)	(9 · 4)	
13획	(8 · 8)	(8 · 16)	(4 · 12)	(12 · 12)	
14획	(15 · 10)	(10 · 7)	(9 · 9)	(7 · 11)	(7 · 10)

획수	배열법				
15획	(14 · 10)	(8 · 9)	(8 · 10)	(8 · 8)	(8 · 16)
	(6 · 10)	(6 · 17)			
16획	(8 · 9)	(8 · 7)	(8 · 15)	(8 · 13)	(16 · 9)
17획	(8 · 16)	(8 · 8)	(8 · 7)	(6 · 12)	(12 · 12)
18획	(7 · 14)	(7 · 16)	(9 · 21)	(19 · 11)	
19획	(6 · 10)	(13 · 16)	(8 · 8)	(10 · 19)	(18 · 11)
20획	(5 · 12)	(9 · 12)	(13 · 12)	(3 · 12)	(4 · 11)
21획	(4 · 12)	(9 · 18)	(10 · 14)	(17 · 10)	(17 · 14)
	(17 · 20)				
22획	(7 · 9)	(2 · 13)	(8 · 7)	(7 · 10)	(8 · 15)

작명법 · 06
이름에 피해야 하는 불용문자

이름에 피해야 하는 불용문자

한자	이유
庚 (나이 경)	사주에 금이 필요한 자는 쓸 수가 있으나 보편적으로 불용자로 단명, 부상, 질병을 나타낸다.
九 (아홉 구)	숫자상에 마지막 수로 종말, 끝, 비운을 상징하며 돌발, 급사를 상징하니 피해야 한다.
龜 (거북이 구)	장수를 상징하는 것이 아니라 오히려 단명을 상징하므로 피하는 것이 좋다.
錦 (비단 금)	고난과 고독을 상징한다.
福 (음복할 복)	뜻은 복을 받는 것이지만 그 반대로 복이 반감하여 오히려 가난과 싸워야 한다.

가능하면 이름에 피해야 하는 자

한자	이유
冬 (겨울 동)	매사가 불성이다.
童 (아이 동)	생각이 좁고 소인배가 된다.
馬 (말 마)	짐승을 상징하는 자로 끊임없이 달려야 하니 고뇌요, 번뇌를 상징하고 인품에 저하를 가져온다.
滿 (가득할 만)	시간이 갈수록 곤궁을 면치 못한다.
梅 (매화나무 매)	도화가 피어 여명은 화류계로 나가기 쉽다.
明 (밝을 명)	두뇌는 명석하나 인생에 파란곡절을 많이 겪는다.
美 (아름다울 미)	따뜻한 성격에 주변에 도움을 주지만 고독과 싸워야 한다.
敏 (민첩할 민)	변화가 많고 성격에 모순이 있어 일에 장애를 많이 받는다.
福 (복 복)	복록의 작용이 오히려 상실하여 복을 받기가 어렵다.
分 (나눌 분)	모든 것을 분산한다는 뜻으로, 나누다 분리하다로 해석하여 부부이별하고 독수공방의 세월을 상징한다.
紛 (많을 분)	상기의 나눌 분 자와 같이 부부를 나누고 가정을 나누며 이산 분리 작용을 하게 된다. 특히 남편을 빼앗기고 사는 자가 많다.

한자	이유
粉 (어지러울 분)	부부의 독수공방을 상징한다.
山 (뫼 산)	고지식하고 융통성이 결여되어 매사에 장애가 발생하고 번뇌가 끊이지 않는다.
石 (돌 석)	매사가 정체되어 중도좌절을 나타낸다.
星 (별 성)	생명과 연관되어 단명이 많다.
松 (솔 송)	청고한 것이 지나치어 고독을 상징한다.
壽 (목숨 수)	장수가 아니라 오히려 단명을 상징한다.
順 (순할 순)	슬픔이 많이 일어나고 부부궁이 불미해진다.
勝 (이길 승)	승승장구가 아니라 오히려 중도좌절을 나타낸다.
新 (처음 신)	처음과 끝이 연결이 어려워 중도좌절이 많다.
實 (열매 실)	여자가 이 자를 쓰면 남편과 사별하게 된다.
愛 (사랑 애)	남편의 사랑을 오히려 잃고 떨어져 사는 사람이 된다.
女 (여인 여)	하천 고독을 나타낸다.

한자	이유
榮 (영화 영)	특수한 경우에 쓰고 있으나 근심 걱정이 끊이지 않고 매사에 장애를 많이 받는다.
玉 (구슬 옥)	성공 발전을 공존한 자로 고독, 단명을 나타내기도 한다.
龍 (용 용)	몽상가가 많이 되며 중도좌절을 자주 맛본다.
雲 (구름 운)	재물이 분산하고 부모형제를 극한다. 상호나 아호에는 써도 된다.
月 (달 월)	고독을 상징한다.
銀 (은 은)	인덕이 없고 인생에 파란곡절이 많다.
伊 (오직 이)	고독을 나타내고 생활수준이 낮아진다.
寅 (범 인)	고독을 나타내며 독불장군식이 되어 매사에 장애를 받는다. 그러나 사주에 인이 필요하거나 목이 필요한 자는 괜찮다.
日 (날 일)	불구자가 많이 나오며 매사에 장애를 받는다.
長 (길 장)	단명과 연관되나 장자는 쓸 수가 있다 해도 매사에 장애가 많다.
眞 (참 진)	허상을 찾아다니는 자가 허다하고 뜻과 정반대가 많이 일어난다.
千 (일천 천)	부모의 도움을 받기가 어렵고 단명을 상징한다.

한자	이유
川 (내 천)	분산과 실패를 상징한다.
春 (봄 춘)	하루 종일 분주하게(日) 먼지만 날리고 휴식시간이 없는 형상의 자이다.
豊 (넉넉할 풍)	재물의 분산작용이 일어나고 차후는 곤궁하게 된다.
鶴 (두루미 학)	청빈한 학자풍이니 경제적으로 어려움을 겪는다.
海 (바다 해)	심신이 불안하고 기복이 많다.
紅 (붉을 홍)	단명을 암시하고 병마가 빨리 침입한다.
花 (꽃 화)	배우자와 인연이 박하나 직업여성은 재물과는 인연이 더러 주어진다.
孝 (효도 효)	부모의 덕을 받기가 어렵고 근심걱정이 떠날 날이 없다.
姬 (아가씨 희)	평생 남편을 위해 희생해야 한다.
喜 (기쁠 희)	본래의 의미와 상반되게 슬픔과 고독이 연첩한다.

【참고】 비록 불용문자라 해도 때로는 필요하여 쓸 경우도 있다.

▍동생이 써서는 안 되는 자(단, 돌림자는 예외)

한 자			
大(큰 대)	太(첫째 태)	泰(클 태)	長(어른 장)
元(으뜸 원)	將(장수 장)	上(윗 상)	一(하나 일)
天(하늘 천)	先(먼저 선)	孟(맏 맹)	甲(첫째 갑)
前(앞 전)			

상기의 자는 모두 먼저 또는 앞을, 위나 첫째를 상징한다. 고로 돌림자는 예외가 될 수 있으나 동생은 안 쓰는 것이 형에게 좋다. 통설에 의하면 동생이 쓰면 형이 형 역할을 못하고 망한다고 한다. 그러나 형이 쓰고 동생이 안 쓰면 괜찮은 것을 많이 보고 있고 또한 돌림자도 역시 괜찮은 경우를 많이 접했다.

제5장

원형이정 81수리 해설

81수리 해설 · 01
원형이정의 81수리 해설

가장 사람들이 많이 인식하고 있는 획수를 말한다.
상기 앞장에서도 누누이 이야기하였지만 꼭 이것이 맞다는 보장은 없다. 그러나 가장 치중하는 획수의 문제이니 참고로 하면 좋을 것이고 학문의 근간 뿌리가 되는 것이니 절대로 등한시하면 안 된다.

▌81수의 길흉

| 1획 | 기본격(基本格) — 삼양회춘지상(三陽回春之像) |

만물의 시초가 되니 이는 출발을 나타낸다. 권위, 온건, 부귀, 전진을 나타내어 대길이라.

| 2획 | 분리격(分離格) — 제천분할지상(諸川分割之像) |

일이 변하여 이가 되니 이는 분산이라. 원기가 실패하니 결국 이루기가 어렵다. 가정과 신고의 분산작용이 일어난다. 분리, 파괴,

분산, 독립불능, 육친무덕.

3획　성형격(成形格) －　시생만물지상(始生萬物之像)

비로소 하나의 근본을 이루니 천지인이 나란히 구성하였다. 세 개의 기둥이 화합하니 만물이 시생하는 형이라. 용감무쌍, 과단, 진취, 지모출중, 지도적인 인물.

4획　부정격(不定格) －　동서각비지상(東西各飛之像)

성질이 유순하나 맺고 끊는 면이 없어 종내는 무성이라. 박약 좌절, 미모는 출중하나 색욕, 색난이 연첩한다.

5획　정성격(定成格) －　능성만물지상(能成萬物之像)

지덕 겸비에 문장 겸비하고 만인에 두령이 될 것이다. 복록장수, 지모겸비, 성격유순, 귀인도움, 출세지상.

6획　계성격(繼成格) －　음덕시태지상(陰德始胎之像)

천성이 온후 유순하여 만인에 신망을 받아 출세가 바르며 안정적인 삶을 영위한다. 부귀현달, 조달영창이라.

7획 독립격(獨立格) — 강건전진지상(剛健前進之像)

독립심이 강하여 어떠한 난관도 헤쳐 나가며 용맹정진하여 크게 성취한다. 초지일관, 외유내강, 심신강권, 대망달성.

8획 개물격(開物格) — 자발자활지상(自發自活之像)

발달 진보를 나타내며 독립심이 강하다. 초지일관하여 목적을 달성하며 너무 강하여 배우자와의 화합에는 신경을 써야 할 것이다. 근면, 성실, 자수성공, 복수겸비.

9획 궁박격(窮迫格) — 대재무용지상(大財無用之像)

형벌 상해의 수이니 불미하게 본다. 처음은 성공을 하나 끝에는 모든 가산이 흩어지니 중도좌절의 수이다. 고독, 단명, 초성후패.

10획 공허격(空虛格) — 만반허무지상(萬盤虛無之像)

비록 다재다능하나 10은 끝수를 상징하는 고로 처음과 끝이 공존한다. 비록 절처봉생의 기운이 있다고는 하나 정체의 지상으로 우유부단, 추진력 약화, 자신감 상실로 큰 뜻을 펴기가 어렵다. 모든 것이 절지에 드니 공허한 지상이라. 여명은 직업이 천하게 되며 가정이 불안하게 된다. 절처봉생, 다재다능, 언변유능, 몽상가, 고독, 단명.

| 11획 | 신성격(新成格) － 자력갱생지상(自力更生之像) |

다시 시작하는 뜻이니 매사를 착실히 진행하며 늘 성공을 갈망한다. 아이가 일어나는 형으로 발전, 진취, 노력자상이 강하여 성공을 하게 된다. 온건착실, 부귀안락, 진취성공, 두뇌명석.

| 12획 | 박약격(薄弱格) － 연약실조지상(軟弱失調之像) |

매사가 분리파산의 형상으로 12는 이 수의 연장이라. 의지력이 약하고 추진력이 약하여 시도도 안 해 보고 겁을 먹는다. 때로는 반대로 산에 가서 고기 잡는다고 설치는 형으로 안 되는 줄 안면서도 덤비니 지능이 낮은 자가 많다. 비록 일시적으로 성공하나 대사는 이루기가 어렵다. 의지박약, 일시성공, 과불용단.

| 13획 | 지모격(智謨格) － 구이자명지상(久而自明之像) |

지모가 출중하고 임기응변에 능하여 예능에 특출한 재능을 갖고 있는 자가 많으며 대업이 성취된다. 지혜의 수로 공부에 특출한 능력도 겸비하여 만인의 사표가 된다. 이지발달, 문학성취, 친우화합, 가정안락.

| 14획 | 이산격(離散格) － 운둔사산지상(運迍四散之像) |

모든 것이 흩어지는 상으로 가족분리, 가정불안, 심신불안을 나타내며 사업 실패의 수로 아무리 성공하였어도 종내는 파산을 맛본

다. 질병 흉액이 연첩하여 심신이 안정이 안 되는 수다. 박약좌절, 번뇌고민, 가정불안, 중도좌절, 신경쇠약.

| 15획 | 통솔격(統率格) ― 천지안전지상(天地安全之像) |

양이 정점에 이른 수로 매사가 성취되고 최고의 직위에 오를 수가 있으며 만인의 두령이 되는 격이다. 자력으로 대성하고 부귀장수에 가정안락이다. 부귀영화, 자립성공, 진취발전, 중인앙시.

| 16획 | 덕망격(德望格) ― 온후유덕지상(溫厚有德之像) |

온순하고 정직한 성품으로 만인에 귀감이 된다. 인덕이 있고 사회성과 재물운도 겸비하여 성공을 이룰 수가 있다. 자만과 색정에 빠질 수 있으나 대기만성으로 통솔의 위력을 발휘하여 크게 이룰 수 있는 수다. 만인유덕, 재운왕성, 원만화합.

| 17획 | 건창격(健暢格) ― 건전창달지상(健全暢達之像) |

강직하고 용감하여 매사를 성취하고 만인의 두령이 되어 사회에 공헌한다. 자존심이 강하여 사교성은 약간 부족하나 일처리에 능수능란하니 만인이 존경한다. 박력추진, 강력지상, 초지일관, 대업성취.

| 18획 | 발전격(發展格) ― 진취발전지상(進取發展之像) |

권모와 지략이 뛰어나 참모의 기질이 강하고 지능이 월등하여 계

획을 잘 세운다. 두뇌가 명석한 고로 사업수완도 비범하여 재물을 모을 수 있고 대부대귀하는 자가 많다. 지모출중, 지능명석, 예능다재, 사업능통.

19획　고난격(苦難格) － 봉학상익지상(鳳鶴傷翼之像)

매사가 용두사미로 변하니 처음은 비록 성공을 하나 끝맺음이 부족하여 속성속패다. 부화다쟁이 자주 오고 모사를 자주 당하며 구설손재의 수다. 두뇌명석, 일시성공, 속성속패, 구설손재, 폐질단명.

20획　허망격(虛望格) － 만사공허지상(萬事空虛之像)

음수만 교집하니 남녀의 인연이 박약하고 비록 지혜는 있으나 고난과 역경을 맛보게 된다. 몽상가가 많으며 풍파의 세월을 보내는 자가 허다하다. 매사부진, 중도좌절, 질병흉사, 고독상심.

21획　두령격(頭領格) － 만인앙시지상(萬人仰視之像)

비로소 양을 찾아 자기의 길을 찾은 수이니 처음은 곤고하나 차후 크게 성재하는 수이다. 대업을 성취하고 자력갱생에 귀인의 도움이 많은 수이다. 그러나 여자는 고독을 나타내고 가정에 두령이 되어야 하겠으니 잘해 주고 좋은 소리 못 듣는 구성이다. 지모탁월, 부귀공명, 재물산적, 대업완수.

| 22획 | 중절격(中折格) — 추풍낙엽지상(秋風落葉之像) |

처음은 잘 나가다가 중간에 실패를 보게 되며 매사가 자기 뜻과 어긋나게 방해가 많은 수이다. 의심과 세상에 대한 불만, 비관, 근심, 걱정이 늘 따르게 되니 남녀를 불문하고 고독, 번뇌, 병마로 색난, 단명을 포함한 수로 객사 비명이 많다. 재난연속, 부부풍파, 고독상실, 병마사고, 비명횡사.

| 23획 | 공명격(功名格) — 개화만발지상(開花萬發之像) |

2, 3이 5가 되니 음양이 합쳐진 수이다. 이 수는 매우 길하여 용기, 신념, 인덕, 귀인상봉, 두뇌명석, 대업성취에 만인이 앙시하는 격으로 매우 길이다. 그러나 여자는 너무 과하여 부부가 이별하고 독수로 생활하는 자가 많지만 사회적으로는 성공한다.

| 24획 | 입신격(立身格) — 우후개화지상(雨後開花之像) |

처음에는 빈곤함이 있다고 해도 종내는 그 뜻을 이룰 수 있는 수로 예능에 재능이 뛰어나고 지모가 출중한 고로 만인의 앙시를 받는다. 재복이 많아 부귀현달하고 수복강령하고 인간부귀후가 될 수 있다. 자손번창, 차후성공, 대기만성, 부귀영화.

| 25획 | 안전격(安全格) — 순풍항해지상(順風航海之像) |

감정이 섬세하고 매사에 분리력이 강하며 재주가 비상하다. 지능

이 뛰어나 재복이 유전하고 자수성가에 만인의 존경을 받는다. 가정이 안락하고 부부의 정이 좋아 평생 큰 환란을 겪지 않는다.

26획　영웅시비격(英雄是非格) － 평지풍파지상(平地風波之像)

보스의 기질이 다분하나 너무 강하여 때로는 만인의 입에 오르내리기도 한다. 파란이 연첩하고 난간에 자주 부딪히며 무정세월을 보내게 될 것이다. 뜻은 크나 성취가 어려운 고로 출세의 기복이 매우 강하다. 가정적으로는 너무 강하여 불행하게 되는데 고독, 독수, 생사이별을 나타내고 구설손재에 재난연속이다. 질병, 부도, 낙상, 비명.

27획　중단격(中斷格) － 낙마절골지상(落馬切骨之像)

자존심이 너무 강하여 매사가 수포로 돌아가고 구설시비가 끊이지 않는다. 온 천지가 적으로 둘러싸여 있으니 사고무친이요, 욕망좌절이라. 길흉이 자주 기복을 받게 되며 육친무덕에 자력갱생 수다. 그러나 때로는 불세출의 영웅도 탄생한다.

28획　파란격(波亂格) － 대해편주지상(大海片舟之像)

변화의 기복이 많은 수로 영웅의 기질이 있으나 중도에 좌절을 맛보고 본인에게 영광이 있으면 가정에 불행이 오고, 가정에 영광이 있으면 본인에게 불행이 오는 수가 많다. 영웅호걸이 그렇듯이 흥망의 기복이 강하다. 부모와 인연이 박하고 처자와 인연이 박하여 가정의 생리사별이 많고 흉사, 질병, 돌연지액이 발생하여 수심이 끊일 날이 없다.

| 29획 | 성공격(成功格) ― 신록유실지상(新綠有實之像) |

지모가 뛰어나니 매사 진행을 잘할 것이요, 원대한 꿈을 성취할 수 있다. 자기 자신에 너무 자만하여 때로는 일을 그르치는 경우가 있으나 부귀장수를 겸비한 수다. 여자는 가정보다는 사회에서 성공하는 경우가 많다.

| 30획 | 부몽격(浮夢格) ― 무정세월지상(無情歲月之像) |

뜬구름을 잡는 몽상가가 될 수도 있으나 언제나 희망을 잃지 않고 꿋꿋하게 세상을 살아간다. 그러나 구름을 잡을 수 없듯이 일시적인 성공이 있다 해도 금방 좌절을 맛보며 허송세월을 보내는 경우가 많다. 따라서 이 수는 돈을 벌면 관리를 잘해야 할 것이다.

| 31획 | 융창격(隆昌格) ― 만화방창지상(萬花芳暢之像) |

지와 용을 겸비한 수로 지모가 특출하고 학문에 재능이 뛰어나 만인이 우러러볼 수 있는 수이다. 인덕을 겸비하고 귀인을 겸비한 수로 대학자가 탄생되는 수가 많고 불세출의 기개로 사회에 공헌하게 된다.

32획   요행격(僥倖格) — 록수주유지상(綠水周遊之像)

뜻하지 않은 행운을 받아 재물과 명예를 얻게 되고 용이 승천하는 지상으로 크게 이룰 수가 있다. 초년부터 발달하여 만인의 추앙을 받으며 일취월장으로 만인의 두령이 될 수 있다. 그러나 남녀공히 색란에 부딪치는 경우가 많으므로 이 점을 유의해야 한다.

33획   승천격(昇天格) — 노룡득운지상(老龍得雲之像)

용이 하늘을 오르는 격으로 대성대발할 수 있다. 어린 시절부터 특출한 능력을 발휘하며 지모가 뛰어나 만인의 추앙을 받는다. 일취월장으로 크게 성공하고 매사가 유정하여 출세가도를 달릴 수 있는 사주이다.

34획   파멸격(破滅格) — 평지풍파지상(平地風波之像)

모든 것에 파멸의 형상인 고로 일이 진행되다가도 불의의 재앙을 맞이하여 중도 좌절한다. 관재구설과 재난이 연첩하는 고로 흉사, 낙상, 신체유액이 있게 되고 가정에 분산 이별의 고통을 맛보는 수이다. 특히 여자는 남편과 생리사별의 액을 겪게 되며 질병이 연첩하는 수이다.

35획   평범격(平凡格) — 안과태평지상(安過泰平之像)

성실하게 매사에 일처리를 하여 타의 모범이 된다. 온순하고 문

예 방면에 뛰어난 재능이 있으며, 일생을 큰 기복 없이 살아갈 수 있다. 여자는 이 수가 매우 행운의 수이다.

36획   영걸시비격(英傑是非格) — 골육상쟁지상(骨肉相爭之像)

영웅의 기상을 몸에 간직하여 명철한 지략과 두뇌를 가지고 일도 전진을 하다가도 불의의 재난을 겪게 되며 뜻하지 않은 좌절을 맛보는 수가 많다. 단명과 재난, 시비에 병마와 신고를 겪게 되나 불세출의 영웅이 탄생하기도 한다. 그러나 독립심과 의협심이 강한 자가 많다. 여자는 이 수가 너무 강하여 독신으로 사는 수가 많으며 가정적으로는 매우 불행하게 된다.

37획   인덕격(仁德格) — 고목생화지상(枯木生花之像)

인간에 덕이 있어 어려움에 봉착해도 귀인의 도움을 받아 성취하는 경우가 많으며 공명영달에 대부대귀하는 경우가 많다.

38획   복록격(福祿格) — 입신양명지상(立身揚名之像)

뛰어난 지모와 책략이 있으며 예능에도 능하여 학업에 진취한 덕으로 두각을 나타내게 되며 기술적인 능력도 탁월하여 재주가 많다. 재예를 살려 출세함이 빠르며 평생 안일한 생활을 영위하게 될 것이다.

| 39획 | 안락격(安樂格) — 개화영춘지상(開花迎春之像) |

천성이 온화하고 인품이 수려하니 고결한 기상에 절로 고개가 숙여지는 격이다. 계획성과 민첩함을 동시에 가지니 뜻한 바를 성취하는 수이다. 언어로 실패를 보는 자가 많으니 삼가 조심해야 하나 대체적으로 성공한다. 여자는 독수공방에 생리사별의 수로 고독과 연관된다.

| 40획 | 무상격(無常格) — 도노무공지상(徒勞無功之像) |

흥망의 변화가 다소 많이 일어나는 수며 투기 요행을 바라다가 일장춘몽이 되는 수이다. 두뇌와 재능은 뛰어나다 하겠으나 잡기 쪽으로 능력을 발하다가 실패를 보게 되는 경우가 발생한다. 인덕이 무력하니 한이 많으며 흉사가 비일비재한 수이다. 남녀 공히 재난, 흉사, 흉액, 형액, 단명을 나타낸다.

| 41획 | 대공격(大功格) — 명진사해지상(名振四海之像) |

위인이 수려하고 재주가 비상하며 인덕이 있어 만인의 추앙을 받을 수 있는 수이다. 지능이 뛰어나니 식견이 밝아 만인의 지도자와 사표가 될 수 있어 명진사해하는 수이다.

| 42획 | 고행격(苦行格) — 조절죽장지상(早節竹丈之像) |

재주가 너무 많아 오히려 불운이 오는 격으로 매사에 끈기가 부

족하고 일처리에 시기를 놓쳐 방해를 많이 받는 수이다. 가족상별에 고통이 따르고 고독과 싸워야 하는 수로 형액 고독을 나타낸다.

43획 미혹격(迷惑格) — 대해광풍지상(大海狂風之像)

외화내빈 격으로 겉은 화려하나 실속이 부족하게 되며 의지가 박약한 고로 일처리가 매우 어렵게 된다. 매사가 중도 좌절하니 초지일관이 필요하다. 여자는 어려움이 닥치면 탈출구를 불미한 곳에서 찾을 수 있으며 실속 없는 생활에 허례허식한다.

44획 마장격(魔障格) — 평지풍파지상(平地風波之像)

모든 일을 진행함에 마장이 많이 끼어 실패의 연속이요, 비록 일시적인 성공은 있으나 종래는 파산이라. 욕심이 과다하여 남의 것을 탐하며 패가망신하는 수가 많다. 급변, 급난, 횡액, 변사, 비운의 연속으로 매우 흉수다.

45획 대지격(大智格) — 명월광채지상(明月光彩之像)

지모가 뛰어나고 의지가 굳건하여 매사의 난간도 헤쳐 나가며 부귀영화를 누릴 수 있는 수다. 만인의 우두머리 기질이 있어 불세출의 영웅이 탄생하기도 하며 집착이 강하여 성취도 함께 맛보는 수다.

46획　부지격(不知格) － 암행심야지상(暗行深夜之像)

알고 있는 것이 많다고 해도 능력을 발하기 어려운 수로 암흑의 세월을 보내는 경우가 많다. 비록 천재적인 능력이 있다 해도 알아주는 사람이 없어 늘 통탄하게 되고, 자기를 나타내려 하다가 오히려 이용만 당하는 수이다. 때로는 너무나 소극적이 되어 허황되게 꿈만 꾸는 사람이 되니 성취가 어렵고 출세하기가 어렵다. 남녀를 막론하고 실패, 고독, 단명, 근심 걱정이 끊이지 않는 수이다.

47획　출세격(出世格) － 일악천금지상(一握千金之像)

영웅이 때를 만나 출세하는 지상으로 부귀공명에 자손 창성하는 수이다. 어떠한 난간도 잘 헤쳐 나가며 귀인의 도움이 있게 되어 대부대귀할 수다.

48획　유덕격(有德格) － 우순풍조지상(雨順風調之像)

지혜가 뛰어나고 분별력이 탁월하니 매사가 잘 진행될 것이요, 통솔력과 지도력까지 겸비하니 만인의 사표가 될 것이다. 매사가 철두철미하여 복록을 누릴 것이고 재관이 함께 도와주니 크게 성공할 수다.

49획　은퇴격(隱退格) － 일진일퇴지상(一進一退之像)

길흉이 상반하니 길이면 길이 연첩할 것이요, 흉이면 흉이 연첩하게 될 것이다. 이 격은 변화에 잘 대처하는 것이 관건이며 선견지명으로 미래를 대비하는 것이 현명할 것이다.

50획   불행격(不幸格) — 용변어성지상(龍變魚成之像)

이 격도 길흉의 기복이 심한데 한 번 성공이 있으면 실패가 따르고, 실패가 있으면 성공이 다시 오는 수이다. 그러나 의지가 박약하여 추진력이 약하여 허무주의로 빠지는 수가 많다. 특히 말년에 비참한 생활을 하는 자가 많다.

51획   춘추격(春秋格) — 일소일로지상(一笑一怒之像)

길흉의 기복이 심하여 성패를 자주 맛본다. 명예와 직위의 왕쇠가 빨라 부귀영화를 장구히 간직하기 어렵게 된다. 파란과 행복의 변화 속에서 늘 고민하는 수이다.

52획   능직격(能直格) — 성림백호지상(盛林白虎之像)

선견지명의 두뇌로 매사를 통찰력 있게 판단하는 능력이 있으므로 만인의 고민을 들어주게 되며 주위에 사람이 많이 노닌다. 승승장구의 발전이 있게 되고 권세와 명예를 취할 수는 있으나 남녀 공히 색난에 부딪히는 수가 많다.

| 53획 | 불화격(不和格) - 태산난월지상(泰山難越之像) |

외화내빈이라 겉은 화려하나 속은 실이 없으며 근심 걱정이 끊일 날이 없다. 현실과는 동떨어진 생각을 하고 있는 자가 많으며 자기만 고상한 척하는 자가 많다. 다소 세상을 살아가는 데는 거리가 먼 형으로 가족이 분산 이별을 하고 고독지객이 된다.

| 54획 | 신고격(辛苦格) - 낙마절골지상(落馬折骨之像) |

고난과 흉액의 연첩의 수로 매사가 파란의 연속이다. 질병, 병마, 신체 유액, 사고, 흉사, 자손이별, 부부풍파가 겹친다는 수로 매우 흉액의 수다.

| 55획 | 불인격(不忍格) - 백사불성지상(百事不成之像) |

참을성이 결여되니 겉으로는 화려한 삶을 산다고는 하나 내면은 근심이 가득하여 번뇌로 고민하는 수이다. 모든 일이 불안정하여 성취가 어렵고 신고가 많은 수다. 때로는 몽상가가 많이 나오며 재난과 길운이 더러 교합하여 일희일비의 연속이다.

| 56획 | 불족격(不足格) - 소심담대지상(小心膽大之像) |

의지와 실행력이 부족하여 진취성이 약하니 매사가 중도좌절이요 욕심이 많아 허황된 생각을 많이 하고 가산을 탕진하며 패가망신을 하는 수다. 가정은 생리사별 수로 부부근심 지수다.

| 57획 | 노력격(努力格) — 일심불공지상(一心佛攻之像) |

비록 힘들더라도 끊임없는 노력으로 끝내는 소원 성취하는 수이나 매사가 더디게 진행되니 끈기와 노력을 요하는 수다. 더러 재난에 봉착하며 흉이 변하여 길로 가는 것이니 대성대발할 수 있다.

| 58획 | 자력격(自力格) — 우후향화지상(雨後香花之像) |

시작보다는 결과론이 좋으며 말년에 갈수록 길한 운세이다. 비록 처음에는 고생을 하나 끝에는 유종의 미를 거두게 되며 대성대발하는 경우가 많다.

| 59획 | 불우격(不遇格) — 의외실안지상(意外失眼之像) |

자기의 뜻과 어긋나게 매사에 장애를 받으니 불의 재난을 겪게 된다. 인내력과 의지력이 박약하고 재능마저 별로 없으니 한탄의 인생을 살게 된다. 병마, 신고, 질액, 사고, 횡사가 연첩하므로 흉수로 본다.

| 60획 | 암흑격(暗黑格) — 심야행인지상(深夜行人之像) |

동가식 서가숙이라 일정하게 안착하기 어렵고 인생을 이리저리 떠돌다가 생을 마감하는 수가 많다. 어두운 밤길을 홀로 거니는 형으로 매사 장애, 병마, 관재, 구설, 단명을 나타낸다.

61획　영화격(榮華格) － 개화만발지상(開花萬發之像)

지혜와 지략을 구비하여 재물과 명예가 진동하는 수로 복록을 구비할 수 있다. 인덕도 있어 만인이 도와주며 인품도 주어지니 매우 길한 수이다.

62획　고독격(孤獨格) － 창파편주지상(蒼波片舟之像)

번뇌와 고독이 연첩하는 수로 불의의 재난과 고액이 연첩하여 일신이 편할 날이 없는 수이다. 질병, 고액, 상심으로 인간의 비애를 많이 맛본다.

63획　길상격(吉祥格) － 회춘동산지상(回春東山之像)

초지일관 매사를 잘 헤쳐 나가니 만인이 우러러 보는 형이다. 지모가 출중하니 계획이 잘 이루어지고 재물과 명예를 취하여 부귀공명하리라.

64획　침체격(沈滯格) － 입산수도지상(入山修道之像)

비록 지혜는 있으나 뜻하는 바를 성취하기가 어려워 중도 좌절을 맛보며 공허한 세월을 보내게 되며 신경성 노이로제로 고생을 하게 된다. 인간에 덕이 없으니 항상 고독하게 되며, 사기 구설에 말려들어 일순간 재물을 파하는 경우가 발생한다. 심하면 단명, 병고, 흉사를 겪게 된다.

| 65획 | 완미격(完美格) - 만화방창지상(萬花芳暢之像) |

귀인이 내조하여 매사를 도와주니 순풍항해지상이라. 뜻한 바를 어렵지 않게 성취하는 격으로 출세할 수 있는 수이다.

| 66획 | 역난격(逆難格) - 진퇴양난지상(進退兩難之像) |

생각도 안 한 난관에 부딪쳐 고통을 당하는 수가 많으며 인간의 위해를 많이 받아 심사의 고뇌가 많은 격이다. 아무리 재능이 있어도 모사에 말려들며 재물이 뜬구름같이 소멸하니 용두사미라. 신병의 곤고와 병마, 단명을 나타낸다.

| 67획 | 성장격(成長格) - 초목무성지상(草木茂盛之像) |

세월이 갈수록 성취가 매우 빠르게 진행되며 귀인의 도움이 많아 매우 성공하는 격이라. 상하가 유덕하니 대관대직을 잡을 수 있고 다재다능하고 심성이 고우니 주위에서 우러러보게 된다.

| 68획 | 달성격(達成格) - 노객봉장지상(老客逢杖之像) |

근면과 성실하니 목적하는 바를 성취할 수 있으며 끈기와 노력에서는 모범이 되는 사람이라. 목적한 일이 비록 난간에 부딪쳐도 귀인이 도와 생각 이상으로 잘 풀리게 되겠으며 소원성취하는 격이다.

| 69획 | 쇠약격(衰弱格) － 고목풍설지상(枯木風雪之像) |

아무리 선천적인 재능과 지모가 있다 해도 중도에 좌절을 맛보게 되며 용두사미가 된다. 처음에 시작은 그럴듯하게 잘하나 끝맺음이 부족하여 실패를 보게 될 것이며 가정적으로도 불행하여 생리사별의 고통을 겪게 된다. 병마, 단명, 흉액이 연첩하는 수다.

| 70획 | 암난격(暗難格) － 심야봉적지상(深夜逢賊之像) |

부모의 덕이 박약하여 자수성가를 하겠으나 중도에 좌절이 많으니 암울한 시련의 세월을 보낼 수다. 병마, 질액, 수술, 낙상, 흉사를 나타내며 심하면 불구도 나온다.

| 71획 | 불안격(不安格) － 호계난성지상(好計難成之像) |

모래위에 집을 짓는 격으로 사상누각이라. 비록 노력은 많이 하나 일순간에 무너지니 모든 것이 오래 지속되기가 어렵다. 때문에 매사에 장애를 받게 되며 인간에 덕이 없어 지나간 세월을 탄식하며 달밤에 눈물을 흘리는 격이다.

| 72획 | 상반격(相半格) － 길다소흉지상(吉多小凶之像) |

길흉이 함께하니 일희일비라. 극단적인 흉액이나 기쁨은 없으므로 소부로 평범하게 살 수는 있다. 이 격은 욕심은 금물이며 성실과 노력을 요하는 수이다. 여명은 좋지 않아 부부가 병마로 고통을 당

하거나 재난이 많아 근심이 많은 수이다.

73획   형통격(亨通格) — 고목회춘지상(枯木回春之像)

시간이 갈수록 길한 운이 도래하는 격으로 처음은 곤고하나 차후 대성하는 수이다. 일취월장에 성공하여 만인이 우러러보게 되니 대기만성이라. 근면성실이 재산이므로 과욕을 금하고 살아간다면 평생을 안락하게 살 수 있는 수이다.

74획   불교격(不交格) — 항해실노지상(抗海失路之像)

선천적으로 복과는 거리가 멀게 되니 신고의 연속에 박복이라. 곤고와 병마가 함께하며 재난과 재화가 연첩하여 수심의 세월을 보내게 될 것이다. 인간에 덕이 없어 모사에 자주 말리고 구설 송사가 연첩하며 처자의 근심이 나날이 더하는 고로 수심의 수다.

75획   왕성격(旺盛格) — 만화방창지상(萬花芳暢之像)

운세가 왕성하여 뜻하는 바를 이룰 수 있으나 너무 자만하다가는 손재를 보는 수이다. 그러나 보편적으로 길로 보는데 중인이 나를 도우니 인간의 덕을 많이 본다. 자수성가에 대기만성할 것이요, 대수대통하는 수이다.

| 76획 | 이산격(離散格) — 안지풍파지상(安地風波之像) |

내외가 불합하고 가정이 분리되며 처자의 근심과 매사의 장애로 고통을 보내는 격이다. 육친이 무덕하여 자수성가를 해야 하겠으나 귀인이 이탈하니 매사가 불성이다. 초년은 박약하나 중년 이후에 빛을 발하는 격으로 매사에 끈기와 노력을 요하는 수이다. 때로는 중도좌절을 맛보고 추진하는 일마다 방해를 받으니 형벌, 이별, 구설, 질병.

| 77획 | 강건격(剛健格) — 춘성회춘지상(春城回春之像) |

의지가 강인하고 추진력이 주어졌으니 매사의 난간도 잘 헤쳐 나가나 남과 화합함이 결여되어 때로는 장애를 받게 될 것이다. 선조의 유산을 받을 수 있으나 그 재물을 간직하기 어렵게 되며 혹은 자수성가로 출세하는 경우가 많다.

| 78획 | 무력격(無力格) — 봉학실소지상(鳳鶴失巢之像) |

처음 꽃이 필 때는 뜻이 좋고 잘 진행되다가 불의의 재난을 당하는 수이다. 중년 이후에 재물관리에 신경을 써야 하며 말년에 고적할 수 있는 수니 노후설계를 잘해야 하는 수이다.

| 79획 | 불신격(不信格) — 무익비락지상(無翼飛落之像) |

세상에 믿을 바가 없으니 자화자탄의 지상으로 타를 의심하여 중

요한 때를 놓치는 경우가 많다. 원래 스스로 자립하여 일어서려는 것이 강하나 주위에 귀인이 없어 허망하게 무너지게 된다.

80획　음영격(陰影格) － 망동다패지상(忘動多敗之像)

아무리 능력이 있어도 발하기 어렵게 되고 지략을 써먹을 수가 없는 격이다. 중도좌절 수이며 가정은 이산, 파산, 질고, 병마가 연첩하여 우울한 생을 보내는 경우가 많다. 수의 끝수로 만사가 종결지상이라.

81획　환희격(還喜格) － 초목회춘지상(草木回春之像)

수의 끝수가 1로 환원이 되니 절처봉생의 수다. 9의 9승의 수로 80을 제하면 1이 남는다. 이는 시생을 나타내며 절처봉생으로 이제 발전의 단계로 진입함을 의미하니 매사가 의욕이 생기고 추진력이 강하여 성공할 수가 있다.

제6장

인명용 한자의
획수 · 오행별 분류

▎인명용 한자의 획수의 계산법

정(正) 자나 속(俗) 자는 해당 획수대로 계산하며 위(僞) 자나 약(略) 자는 정자의 획수대로 계산한다.

변형부수	원부수	획수	변형부수	원부수	획수
忄 (심방변)	心	4획	王 (구슬옥변)	玉	5획
扌 (재방변)	手	4획	礻 (보일시변)	示	5획
氵 (삼수변)	水	4획	耂 (늙을로엄)	老	6획
犭 (개사슴록변)	犬	4획	艹 (초두머리)	艸	6획
阝 (우부방)	邑	7획	衤 (옷의변)	衣	6획
阝 (좌부변)	阜	8획	辶 (책받침)	辵	7획
月 (육달월)	肉	6획	罒 (그물망머리)	网	6획

※ 상기와 같은 형식으로 정획수를 구별한다.

신명용 한자 획수·오행별 분류

획수 (수리오행)	음령 오행	한 자		
1획 (木)	土	乙(새 을)	一(한 일)	
2획 (木)	火	乃(姓, 곧 내) 了(마칠 료)	刀(칼 도)	力(힘 력)
	土	力(힘 역) 二(두 이)	了(마칠 요) 人(사람 인)	又(또 우) 入(들 입)
	金	丁(姓, 고무래 정)		
	水	卜(점 복)		
3획 (火)	木	干(姓, 방패 간) 口(입 구) 己(몸 기)	巾(수건 건) 久(오랠 구)	工(장인 공) 弓(활 궁)
	火	女(계집 녀)	大(姓, 큰 대)	土(흙 토)
	土	也(이끼 야) 刃(칼날 인)	于(姓, 갈 우) 下(아래 하)	已(이미 이) 丸(둥글 환)
	金	巳(뱀 사) 三(석 삼) 小(작을 소) 叉(깍지낄 차) 寸(마디 촌)	士(선비 사) 上(윗 상) 子(아들 자) 千(일천 천)	山(뫼 산) 夕(저녁 석) 丈(어른 장) 川(내 천)
	水	万(일만 만)	亡(죽일 망)	凡(姓, 무릇 범)
4획 (火)	木	介(姓, 끼일 개) 孔(姓, 구멍 공) 今(이제 금)	犬(개 견) 戈(창 과) 及(및 급)	公(귀 공) 斤(姓, 도끼 근) 夬(결단할 쾌)
	火	內(속 내) 屯(모일 둔)	丹(붉을 단) 太(姓, 콩 태)	斗(말 두)

획수 (수리오행)	음령 오행	한 자		
4획 (火)	土	牙(어금니 아) 午(낮 오) 牛(소 우) 云(이를 운) 尹(姓, 성실할 윤) 仁(어질 인) 亢(목 항) 互(서로 호) 幻(홀릴 환)	厄(재앙 액) 曰(가로 왈) 友(벗 우) 元(姓, 으뜸 원) 允(마땅할 윤) 日(날 일) 兮(어조사 혜) 火(불 화) 爻(효 효)	予(줄 여) 夭(어여쁠 요) 尤(더욱 우) 月(달 월) 引(인도할 인) 壬(북방 임) 戶(지게 호) 化(姓, 화할 화) 凶(흉할 흉)
	金	四(넉 사) 手(손 수) 心(마음 심) 切(끊을 절) 中(가운데 중) 之(갈 지) 天(姓, 하늘 천)	少(적을 소) 升(되 승) 十(열 십) 井(姓, 우물 정) 支(지탱할 지) 什(열사람 집) 丑(소 축)	水(물 수) 氏(성 씨) 才(재주 재) 弔(조상할 조) 止(그칠 지) 尺(자 척)
	水	毛(姓, 털 모) 文(姓, 글월 문) 方(姓, 모 방) 夫(姓, 지아비 부) 比(견줄 비) 匹(짝 필)	木(나무 목) 勿(말 물) 卞(姓, 조급할 변) 分(나눌 분) 巴(땅이름 파)	无(없을 무) 反(배반할 반) 父(아비 부) 不(아닐 불) 片(姓, 조각 편)
5획 (土)	木	可(옳을 가) 甘(姓, 달 감) 巨(클 거) 功(공 공) 句(글귀 구)	加(더할 가) 甲(갑옷 갑) 古(옛 고) 瓜(姓, 참외 과) 丘(언덕 구)	刊(책펴낼 간) 去(갈 거) 叩(두드릴 고) 巧(교묘할 교) 叫(부르짖을 규)

획수 (수리오행)	음령 오행	한 자		
5획 (土)	火	奴(종 노) 冬(겨울 동) 他(다를 타)	旦(아침 단) 令(하여금 령) 台(별 태)	代(대신 대) 立(설 립)
	土	央(가운데 앙) 五(다섯 오) 王(임금 왕) 右(오른쪽 우) 以(써 이) 穴(구멍 혈) 弘(넓을 홍)	永(길 영) 玉(姓, 구슬 옥) 外(바깥 외) 由(행할 유) 立(설 입) 兄(맏 형) 禾(벼 화)	令(하여금 영) 瓦(기와 와) 用(쓸 용) 幼(어릴 유) 玄(姓, 검을 현) 乎(온 호)
	金	仕(벼슬할 사) 生(낳을 생) 世(인간 세) 示(보일 시) 申(姓, 펼 신) 田(姓, 밭 전) 左(왼 좌) 且(또 차) 仟(천사람 천)	史(姓, 역사 사) 石(姓, 돌 석) 召(姓, 부를 소) 市(장 시) 失(잃을 실) 占(姓, 점칠 점) 主(주인 주) 册(=冊, 책 책) 出(날 출)	司(맡을 사) 仙(신선 선) 囚(가둘 수) 矢(살 시) 仔(자세할 자) 正(바를 정) 只(다만 지) 斥(가리킬 척) 充(가득할 충)
	水	末(끝 말) 目(눈 목) 未(아닐 미) 白(흰 백) 付(부탁 부) 氷(얼음 빙) 包(姓, 꾸릴 포)	母(어미 모) 卯(토끼 묘) 民(백성 민) 丙(남쪽 병) 北(북녘 북) 平(姓, 평탄할 평) 皮(姓, 가죽 피)	矛(세모진창 모) 戊(무성할 무) 半(절반 반) 本(근본 본) 弗(어길 불) 布(배 포) 必(반드시 필)
6획 (土)	木	各(각각 각)	艮(그칠 간)	价(착할 개)

획수 (수리오행)	음령 오행	한 자		
6획 (土)	木	件(조건 건) 共(한가지 공) 交(사귈 교) 企(바랄 기)	攷(상고할 고) 光(빛날 광) 圭(홀 규) 吉(姓, 길할 길)	曲(굽을 곡) 匡(바를 광) 亘(=亙, 뻗칠 긍) 求(구할 구)
	火	年(해 년) 乭(돌 돌) 劣(용렬할 렬) 打(칠 타)	老(늙을 노, 로) 同(한가지 동) 六(여섯 륙) 宅(집 택)	多(많을 다) 列(벌일 렬) 吏(아전 리) 吐(토할 토)
	土	安(편안 안) 如(같을 여) 劣(용렬할 열) 羽(깃 우) 有(있을 유) 衣(옷 의) 夷(오랑캐 이) 弛(놓을 이) 任(姓, 맡길 임) 行(갈 행) 刑(형벌 형) 回(돌아올 회) 屹(산우뚝할 흘)	仰(姓, 우러러볼 앙) 亦(또 역) 伍(姓, 다섯 오) 旭(빛날 욱) 肉(고기 육) 耳(귀 이) 吏(아전 이) 因(인할 인) 合(합할 합) 向(향할 향) 好(좋아할 호) 后(姓, 임금 후)	羊(양 양) 列(벌어질 열) 宇(집 우) 危(위태할 위) 六(여섯 육) 而(같을 이) 伊(姓, 오직 이) 印(姓, 도장 인) 亥(돼지 해) 血(피 혈) 灰(재 회) 休(쉴 휴)
	金	寺(절 사) 色(빛 색) 舌(혀 설) 旬(열흘 순) 式(법 식) 自(스스로 자)	死(죽을 사) 西(姓, 서쪽 서) 守(姓, 지킬 수) 戌(개 술) 臣(신하 신) 匠(장인 장)	糸(가는실 사) 先(먼저 선) 收(모을 수) 丞(도울 승) 字(글자 자) 庄(농막 장)

획수 (수리오행)	음령 오행	한 자		
6획 (土)	金	在(있을 재) 汀(물가 정) 存(보존할 존) 州(고을 주) 汁(진액 즙) 旨(맛있을 지) 尖(뾰족할 첨) 虫(벌레 충)	再(두번 재) 兆(조짐 조) 朱(姓, 붉을 주) 竹(대 죽) 地(땅 지) 次(차례 차) 艸(풀 초)	全(姓, 온전 전) 早(일찍 조) 舟(배 주) 仲(다음 중) 至(이를 지) 此(그칠 차) 冲(화할 충)
	水	忘(망녕될 망) 米(姓, 쌀 미) 伐(칠 벌) 氾(넘칠 범) 妃(왕비 비)	名(이름 명) 朴(姓, 진실할 박) 犯(범할 범) 幷(아우를 병)	牟(姓, 클 모) 百(일백 백) 帆(돛 범) 伏(엎드릴 복)
7획 (金)	木	角(뿔 각) 江(강 강) 更(다시 갱) 見(볼 견) 告(고할 고) 攻(칠 공) 局(판 국) 克(이길 극) 岐(높을 기)	却(막을 각) 杠(외나무다리 강) 坑(빠질 갱) 系(계통 계) 谷(姓, 골 곡) 宏(넓을 굉) 君(임금 군) 忌(꺼릴 기) 圻(언덕 기)	杆(줄기 간) 改(고칠 개) 車(수레 거) 戒(경계 계) 困(곤할 곤) 究(다할 구) 均(평등 균) 杞(산버들 기)
	火	卵(알 난[란]) 努(힘쓸 노) 豆(콩 두) 呂(풍류 려) 利(길할 리)	男(사내 남) 弄(희롱할 농[롱]) 杜(姓, 막을 두) 伶(영리할 령) 李(姓, 오얏 리)	冷(찰 냉[랭]) 但(다만 단) 良(착할 량) 里(마을 리) 妥(타협할 타)

획수 (수리오행)	음령 오행	한 자		
7획 (金)	火	托(의지할 탁) 兎(토끼 토)	呑(삼킬 탄)	兌(기쁠 태)
	土	我(나 아) 言(말씀 언) 呂(姓, 풍류 여) 伶(영리할 영) 吳(姓, 오나라 오) 位(위치 위) 邑(고을 읍) 利(길할 이) 妊(아이밸 임) 汗(땀 한) 見(나타날 현) 孝(효도 효)	冶(단련할 야) 余(姓, 나 여) 役(부릴 역) 吾(나 오) 完(완전할 완) 酉(별 유) 矣(어조사 의) 李(姓, 오얏 이) 何(姓, 어찌 하) 含(머금을 함) 形(모양 형) 吸(숨들이쉴 흡)	良(착할 양) 汝(姓, 너 여) 延(姓, 끌 연) 汚(웅덩이 오) 佑(도울 우) 吟(탄식할 음) 里(마을 이) 忍(참을 인) 旱(가물 한) 杏(은행 행) 亨(형통할 형) 希(바랄 희)
	金	私(사사로울 사) 床(평상 상) 成(姓, 이룰 성) 秀(빼어날 수) 辛(姓, 매울 신) 灼(사를 작) 材(재목 재) 赤(붉을 적) 玎(옥소리 정) 弟(아우 제) 坐(앉을 좌) 走(달릴 주) 址(터 지) 初(처음 초)	似(같을 사) 序(차례 서) 束(묶을 속) 巡(순행할 순) 伸(펼 신) 壯(장할 장) 災(재앙 재) 甸(경기 전) 町(밭두둑 전) 助(도울 조) 佐(도울 좌) 志(뜻 지) 辰(별 진) 村(마을 촌)	杉(삼나무 삼) 汐(저녁조수 석) 宋(姓, 송나라 송) 身(몸 신) 作(지을 작) 杖(지팡이 장) 低(낮을 저) 廷(조정 정) 呈(보일 정) 足(발 족) 住(머무를 주) 池(姓, 못 지) 車(姓, 수레 차) 吹(숨쉴 취)

획수 (수리오행)	음령 오행	한 자		
7획 (金)	金	七(일곱 칠)		
	水	忙(바쁠 망) 免(면할 면) 伴(짝 반) 彷(방황할 방) 杋(나무이름 범) 步(걸을 보) 孚(기를 부) 判(姓, 판단할 판) 杓(자루 표)	忘(깜짝할 망) 妙(묘할 묘) 妨(방해할 방) 伯(맏 백) 別(나눌 별) 甫(클 보) 佛(부처 불) 坂(언덕 판)	每(매양 매) 尾(꼬리 미) 坊(막을 방) 汎(떠나갈 범) 兵(군사 병) 否(아닐 부) 庇(덮을 비) 貝(조개 패)
8획 (金)	木	佳(아름다울 가) 玕(옥돌 간) 杰(준걸 걸) 庚(나이 경) 季(끝 계) 姑(시어미 고) 昆(맏 곤) 果(열매 과) 具(姓, 갖출 구) 屈(다할 굴) 金(姓, 쇠 금) 技(재주 기) 汽(물 기) 快(쾌할 쾌)	刻(새길 각) 岡(산등성이 간) 決(결단할 결) 坰(들 경) 固(굳을 고) 孤(외로울 고) 空(빌 공) 官(벼슬 관) 坵(구단 구) 卷(책 권) 汲(당길 급) 奇(姓, 홀수 기) 沂(물이름 기)	侃(강직할 간) 居(살 거) 京(서울 경) 炅(빛날 경) 考(상고할 고) 坤(땅 곤) 供(베풀 공) 侊(클 광) 玖(옥돌 구) 券(문서 권) 其(그 기) 玘(노리개 기) 佶(바를 길)
	火	奈(어찌 나[내]) 念(생각할 념) 毒(독할 독)	來(돌아올 내[래]) 垈(집터 대) 東(姓, 동녘 동)	秊(해 년) 到(이를 도) 枓(구기 두)

획수 (수리오행)	음령 오행	한 자		
8획 (金)	火	兩(둘 량) 侖(덩어리 륜) 坦(너그러울 탄)	例(법식 례) 林(수풀 림) 汰(사태 태)	彔(근본 록[녹]) 卓(姓, 높을 탁) 投(던질 투)
	土	兒(아이 아) 岸(언덕 안) 厓(姓, 언덕 애) 於(姓, 어조사 어) 易(바꿀 역) 姈(계집슬기로운 영) 沃(기름질 옥) 旺(성할 왕) 雨(비 우) 沅(물이름 원) 侑(도울 유) 宜(옳을 의) 函(함 함) 幸(다행 행) 協(화합할 협) 昊(하늘 호) 忽(소홀할 홀) 欣(기쁠 흔)	亞(버금 아) 岩(바위 암) 夜(姓, 밤 야) 抑(누를 억) 沇(물졸졸흐를 연) 例(법식 예) 臥(누울 와) 汪(넓을 왕) 玗(옥돌 우) 委(맡을 위) 侖(덩어리 윤) 易(다스릴 이) 抗(막을 항) 享(누릴 향) 呼(부를 호) 或(혹 혹) 和(姓, 화목할 화) 炘(화끈거릴 흔)	岳(큰산 악) 昂(밝을 앙) 兩(둘 양) 奄(문득 엄) 炎(불꽃 염) 旿(대낮 오) 往(갈 왕) 枉(굽을 왕) 沄(끓을 운) 乳(젖 유) 依(의지할 의) 林(姓, 수풀 임) 沆(흐를 항) 弦(시위 현) 虎(범 호) 昏(어두울 혼) 効(본받을 효) 昕(해돋을 흔)
	金	使(부릴 사) 社(단체 사) 尙(姓, 숭상할 상) 析(쪼갤 석) 松(솔 송) 垂(드리울 수) 昇(해돋을 승)	舍(姓, 집 사) 沙(모래 사) 狀(형상 상) 姓(성씨 성) 刷(인쇄할 쇄) 叔(아재비 숙) 始(처음 시)	事(일 사) 祀(제사 사) 昔(姓, 옛 석) 所(바 소) 受(이을 수) 承(이을 승) 侍(모실 시)

획수 (수리오행)	음령 오행	한 자		
8획 (金)	金	沁(물이름 심) 長(길 장) 的(밝을 적) 折(절단할 절) 定(정할 정) 制(절제할 제) 宙(집 주) 知(알 지) 昌(창성할 창) 坧(기지 척) 靑(푸를 청) 沖(화할 충) 枕(배게 침)	姉(=姊, 손위누이 자) 爭(다툴 쟁) 典(법 전) 店(가게 점) 征(갈 정) 卒(군사 졸) 周(姓, 두루 주) 沚(물가 지) 采(姓, 캘 채) 妾(첩 첩) 抄(가릴 초) 取(취할 취)	刺(찌를 자) 底(밑 저) 佺(신선이름 전) 政(바르게할 정) 姃(여자단정할 정) 宗(姓, 마루 종) 枝(가지 지) 直(곧을 직) 妻(아내 처) 帖(문서 첩) 忠(충성 충) 沈(잠길 침)
	水	妹(손아래누이 매) 命(목숨 명) 沐(목욕 목) 門(姓, 문 문) 物(물건 물) 旼(화할 민) 昉(들을 방) 佰(백 백) 並(姓, 결 병) 服(옷 복) 府(마을 부) 朋(벗 붕) 卑(천할 비) 坡(언덕 파) 八(여덟 팔)	孟(姓, 맏 맹) 明(姓, 밝을 명) 沒(잠길 몰) 汶(더럽힐 문) 味(맛 미) 岷(봉우리 민) 放(놓을 방) 帛(비단 백) 幷(겸할 병) 奉(姓, 드릴 봉) 奔(분주할 분) 非(아닐 비) 把(줌 파) 板(널조각 판) 佩(패옥 패)	盲(장님 맹) 牧(기를 목) 武(건장할 무) 炆(연기날 문) 旻(가을하늘 민) 房(姓, 방 방) 杯(잔 배) 幷(어우를 병) 秉(잡을 병) 扶(도울 부) 汾(물이름 분) 批(깎을 비) 枇(비파나무 비) 版(조각 판) 坪(벌판 평)

획수 (수리오행)	음령 오행	한 자		
8획 (金)	水	彼(저 피)		
9획 (水)	木	架(시렁 가) 姦(간사할 간) 皆(다 개) 建(세울 건) 癸(물 계) 係(이을 계) 枯(마를 고) 怪(기이할 괴) 狗(개 구) 奎(별 규) 急(빠를 급) 祈(빌 기)	看(볼 간) 竿(낚싯대 간) 客(손 객) 俓(곧을 경) 界(지경 계) 契(계약할 계) 科(과정 과) 九(아홉 구) 軍(군사 군) 畇(따비 균) 矜(자랑할 긍) 姞(姓, 계집 길)	肝(간 간) 姜(姓, 강할 강) 拒(막을 거) 勁(굳셀 경) 計(셈 계) 故(연고 고) 冠(갓 관) 拘(잡을 구) 軌(굴대 궤) 剋(이길 극) 紀(기록할 기)
	火	柰(사과 나[내]) 怒(성낼 노) 沓(논 답) 突(우뚝할 돌) 昤(날빛 령) 俚(속될 리) 泰(클 태) 垞(언덕 택)	南(姓, 남쪽 남) 泥(수렁 니) 待(기다릴 대) 亮(밝을 량) 柳(姓, 버들 류) 度(헤아릴 탁) 怠(게으를 태)	耐(참을 내) 段(姓, 층 단) 度(법 도) 侶(벗할 려) 律(姓, 법 률) 炭(숯 탄) 殆(위태할 태)
	土	押(찍을 압) 耶(어조사 야) 彦(착한선비 언) 沿(쫓을 연) 研(연마할 연) 映(빛날 연)	殃(재앙 앙) 約(검소할 약) 侶(벗할 여) 衍(넓을 연) 染(물들일 염) 盈(찰 영)	哀(슬플 애) 亮(밝을 양) 疫(염병 역) 妍(총명할 연) 泳(헤엄칠 영) 昤(날빛 영)

획수 (수리오행)	음령 오행	한 자		
9획 (水)	土	屋(집 옥) 要(구할 요) 昱(햇빛밝을 욱) 威(위엄 위) 柔(부드러울 유) 宥(너그러울 유) 律(姓, 법 율) 泣(울 읍) 姻(혼인할 인) 昰(여름 하) 姮(항아 항) 泫(물깊을 현) 型(본보기 형) 紅(붉을 홍) 奐(클 환) 廻(돌아올 회) 姬(姓, 계집 희)	玩(희롱할 완) 勇(용맹할 용) 怨(원망 원) 韋(화할 위) 幽(숨을 유) 兪(姓, 그럴 유) 垠(언덕 은) 怡(기쁠 이) 妊(아이밸 임) 咸(姓, 다 함) 香(향기 향) 炫(밝을 현) 泂(멀 형) 泓(깊을 홍) 皇(임금 황) 後(뒤 후)	畏(두려울 외) 禹(姓, 펼 우) 垣(낮은담 원) 油(기름 유) 柳(姓, 버들 유) 玧(귀막이구슬 윤) 音(소리 음) 俚(속될 이) 河(姓, 물 하) 巷(거리 항) 革(가죽 혁) 俠(곁 협) 炯(빛날 형) 虹(무지개 홍) 況(비유할 황) 厚(두터울 후)
	金	思(생각 사) 砂(모래 사) 庠(학교 상) 性(姓, 성품 성) 昭(소명할 소) 俗(풍속 속) 盾(방패 순) 柴(섶 시) 室(방 실) 昨(어제 작) 抵(밀칠 저)	査(조사할 사) 削(깎을 삭) 叙(차례 서) 省(살필 성) 沼(못 소) 首(머리 수) 是(바를 시) 食(밥 식) 甚(심할 심) 芍(함박꽃 작) 前(앞 전)	泗(물이름 사) 相(서로 상) 宣(姓, 베풀 선) 星(姓, 별 성) 炤(밝을 소) 帥(장수 수) 施(姓, 베풀 시) 信(믿을 신) 姿(맵시 자) 哉(비로소 재) 点(점 점)

획수 (수리오행)	음령 오행	한 자		
9획 (水)	金	貞(곧을 정) 柾(나무바를 정) 注(물댈 주) 炷(심지 주) 即(곧 즉) 昶(밝을 창) 招(부를 초) 秋(姓, 가을 추) 治(다스릴 치) 勅(칙령 칙)	亭(정자 정) 帝(제왕 제) 柱(기둥 주) 俊(준, 준걸 준) 祉(복 지) 拓(주울 척) 肖(姓, 닮을 초) 抽(뽑을 추) 峙(쌓을 치) 侵(침노할 침)	訂(고칠 정) 拙(못날 졸) 奏(아뢸 주) 重(무거울 중) 姪(조카 질) 泉(샘 천) 促(재촉할 촉) 春(봄 춘) 則(법칙 칙)
	水	罔(없을 망) 某(아무 모) 美(아름다울 미) 泊(그칠 박) 拔(뽑을 발) 栢(측백나무 백) 柄(자루 병) 保(도울 보) 赴(다다를 부) 飛(날 비) 扁(姓, 작을 편) 表(姓, 겉 표) 泌(개천물 필)	勉(힘쓸 면) 冒(무릅쓸 모) 眉(눈썹 미) 拍(손뼉칠 박) 拜(절 배) 法(법 법) 屛(병풍 병) 封(봉할 봉) 盆(동이 분) 波(물결 파) 枰(장기판 평) 品(품수 품)	面(얼굴 면) 拇(엄지손가락 무) 玟(옥돌 민) 叛(배반할 반) 盃(잔 배) 炳(빛날 병) 昺(=昺, 밝을 병) 負(빚질 부) 拂(도울 불) 便(편리할 편) 抱(품을 포) 風(바람 풍)
10획 (水)	木	家(집 가) 剛(姓, 굳셀 강) 格(격식 격) 兼(겸할 겸) 倞(굳셀 경)	珏(쌍옥 각) 個(낱 개) 肩(어깨 견) 耕(밭갈 경) 耿(빛날 경)	恪(정성 각) 虔(정성 건) 缺(이지러질 결) 徑(지름길 경) 桂(姓, 계수나무 계)

획수 (수리오행)	음령 오행	한 자		
10획 (水)	木	炷(화덕 계) 哭(울 곡) 恐(두려울 공) 洸(姓, 성낼 광) 俱(갖출 구) 躬(몸 궁) 根(뿌리 근) 肯(긍정할 긍) 氣(기후 기) 桔(도라지 길)	高(높을 고) 骨(姓, 뼈 골) 貢(바칠 공) 桄(베틀 광) 矩(곡척 구) 拳(주먹 권) 衾(도포 금) 記(적을 기) 豈(어찌 기)	庫(창고 고) 恭(공손할 공) 括(맺을 괄) 校(학교 교) 宮(집 궁) 鬼(귀신 귀) 級(등급 급) 起(일어날 기) 耆(늙은이 기)
	火	娜(아름다울 나) 娘(소녀 낭) 玳(대모 대) 倒(엎드러질 도) 洞(공손할 동) 凉(서늘할 량) 烈(빛날 렬) 料(헤아릴 료) 倫(인륜 륜) 託(부탁할 탁) 特(특별할 특)	洛(나루 낙[락]) 紐(단추 뉴) 島(섬 도) 挑(뛸 도) 桐(오동나무 동) 倆(재주 량) 洌(맑을 렬) 竜(용 룡) 栗(밤 률) 耽(즐길 탐)	納(바칠 납) 唐(당나라 당) 徒(무리 도) 桃(복숭아 도) 凍(꽁꽁얼 동) 旅(나그네 려) 玲(정교할 령) 留(머무를 류) 倬(환할 탁) 討(칠 토)
	土	芽(싹 아) 案(안석 안) 弱(약할 약) 倆(재주 양) 宴(잔치 연) 烈(빛날 열) 芮(姓, 물가 예)	娥(어여쁠 아) 晏(姓, 하늘 맑음) 洋(큰바다 양) 俺(클 엄) 烟(연기 연) 洌(맑을 열) 烏(까마귀 오)	峨(산이높을 아) 按(누를 안) 凉(서늘할 양) 旅(나그네 여) 娟(고울 연) 玲(정교할 영) 娛(즐거울 오)

획수 (수리오행)	음령 오행	한 자		
10획 (水)	土	翁(姓, 늙은이 옹) 辱(욕될 욕) 祐(도울 우) 原(근본 원) 袁(姓, 옷치렁거릴 원) 紐(단추 유) 栗(밤 율) 倚(기댈 의) 悢(뉘우칠 한) 害(해칠 해) 軒(추녀 헌) 峽(골짜기 협) 烘(화롯불 홍) 活(활발할 활) 效(본받을 효) 烋(아름다울 휴)	垸(바를 완) 容(얼굴 용) 迂(굽을 우) 員(둥글 원) 留(머무를 유) 育(기를 육) 恩(姓, 은혜 은) 益(더할 익) 恒(=恆, 항상 항) 奚(어찌 해) 峴(고개 현) 祜(복 호) 花(姓, 꽃 화) 晃(빛날 황) 候(기후 후) 洽(화할 흡)	料(헤아릴 요) 埇(골목길 용) 彧(빛날 욱) 洹(흐를 원) 洧(물이름 유) 倫(인륜 윤) 殷(姓, 많을 은) 夏(姓, 여름 하) 航(배 항) 核(씨 핵) 玹(옥돌 현) 洪(姓, 넓을 홍) 桓(묘목 환) 恢(넓을 회) 訓(가르칠 훈) 恰(흡족할 흡)
	金	射(쏠 사) 娑(춤추는모양 사) 桑(姓, 뽕나무 상) 徐(姓, 천천히 서) 席(姓, 자리 석) 城(성 성) 素(질박할 소) 衰(쇠할 쇠) 殊(죽을 수) 殉(구할 순) 乘(탈 승) 栻(점통 식)	師(스승 사) 朔(초하루 삭) 索(찾을 색) 栖(살 서) 祏(섬 석) 娍(아름다울 성) 笑(웃음 소) 釗(힘쓸 쇠) 洙(물가 수) 洵(믿을 순) 時(때 시) 神(신 신)	紗(나사 사) 珊(산호 산) 書(쓸 서) 恕(용서할 서) 扇(부채 선) 洗(씻을 세) 孫(姓, 손자 손) 修(닦을 수) 純(순수할 순) 拾(주울 습) 息(쉴 식) 迅(빠를 신)

획수(수리오행)	음령오행	한 자		
10획 (水)	金	訊(물을 신)	十(열 십)	者(놈 자)
		玆(거듭 자)	恣(빙자할 자)	酌(짐작할 작)
		奘(클 장)	財(재물 재)	栽(심을 재)
		宰(주관할 재)	展(열 전)	栓(나무못 전)
		庭(뜰 정)	祖(할아비 조)	租(구실 조)
		晁(아침 조)	祚(복 조)	倧(신인 종)
		座(자리 좌)	酒(술 주)	株(그루 주)
		洲(섬 주)	峻(높을 준)	埈(가파를 준)
		准(견줄 준)	症(병세 증)	烝(찔 증)
		指(손가락 지)	紙(종이 지)	持(잡을 지)
		祗(공경할 지)	芝(버섯 지)	眞(姓, 참 진)
		珍(보배 진)	晉(=晋, 아름다운돋 진)	
		津(나루 진)	秦(姓, 진나라 진)	秩(차례 질)
		疾(병 질)	借(빌릴 차)	差(어긋날 차)
		倉(姓, 창고 창)	哲(밝을 철)	祝(빌 축)
		畜(가축 축)	衷(절충할 충)	珫(귀엣고리 충)
		臭(냄새 취)	値(값 치)	致(이를
		恥(부끄럼 치)	針(바늘 침)	秤(저울 칭)
	水	馬(姓, 말 마)	埋(묻을 매)	眠(졸음 면)
		冥(어두울 명)	畝(밭이랑 무)	紋(무늬 문)
		珉(옥돌 민)	珀(호박 박)	般(일반 반)
		畔(갑절 반)	芳(이름빛날 방)	倣(본받을 방)
		倍(곱 배)	配(짝 배)	栢(측백나무 백)
		病(병들 병)	竝(곁 병)	峯(=峰, 봉우리 봉)
		俸(녹 봉)	芙(연꽃 부)	紛(분잡할 분)
		粉(가루 분)	芬(향기 분)	肥(살찔 비)
		祕(=秘, 숨길 비)	破(깨질 파)	派(보낼 파)
		芭(파초 파)	肺(허파 폐)	砲(큰대포 포)

획수(수리오행)	음령오행	한 자		
10획(水)	水	豹(표범 표)	疲(피곤할 피)	珌(칼집장식 필)
11획(木)	木	假(거짓 가) 康(姓, 편안할 강) 盖(덮을 개) 堅(굳을 견) 竟(마칠 경) 涇(통할 경) 苦(괴로울 고) 珙(옥이름 공) 珖(옥이름 광) 區(나눌 구) 圈(그릇 권) 珪(서옥 규) 旣(이미 기) 埼(언덕머리 기)	勘(정할 감) 堈(언덕 강) 乾(하늘 건) 牽(당길 견) 頃(잠간 경) 械(틀 계) 皐(언덕 고) 貫(꿸 관) 敎(=教, 가르칠 교) 苟(만일 구) 眷(친척 권) 近(가까울 근) 寄(부칠 기) 崎(험할 기)	强(姓, 굳셀 강) 崗(산등성이 강) 健(굳셀 건) 訣(이별할 결) 梗(곧을 경) 啓(열 계) 崑(곤륜산 곤) 棺(도마 관) 救(도울 구) 國(나라 국) 規(법 규) 基(터 기) 飢(굶을 기)
	火	那(姓, 다할 나) 浪(姓, 맹랑할 녕랑) 累(더할 누[루]) 袋(부대 대) 得(얻을 득) 梁(대들보 량) 率(헤아릴 률) 笠(삿갓 립) 胎(처음 태)	珞(구슬목걸이 낙락) 崍(산이름 내[래]) 堂(마루 당) 豚(돼지 돈) 崍(산이름 래) 流(흐를 류) 梨(배 리) 粒(낟알 립) 桶(통 통)	朗(밝을 낭[랑]) 鹿(사슴 녹[록]) 帶(띠 대) 動(움직일 동) 略(간략할 략) 崙(산이름 륜) 离(밝을 리) 貪(탐할 탐) 堆(쌓일 퇴)
	土	堊(새흙 악) 崖(언덕 애) 梁(姓, 대들보 양)	眼(눈 안) 野(들 야) 魚(姓, 물고기 어)	庵(암자 암) 若(같을 약) 御(모실 어)

획수 (수리오행)	음령 오행	한 자		
11획 (木)	土	焉(어찌 언)	域(지경 역)	軟(연할 연)
		悅(즐거울 열)	英(꽃부리 영)	迎(맞을 영)
		悟(깨달을 오)	梧(오동나무 오)	晤(밝을 오)
		浣(씻을 완)	婠(몸맵시예쁠 완)	婉(순할 완)
		欲(탐낼 욕)	浴(목욕 욕)	庸(쓸 용)
		涌(용맹할 용)	偶(짝지을 우)	釪(요령 우)
		苑(나라동산 원)	偉(클 위)	胃(밥통 위)
		尉(벼슬이름 위)	唯(오직 유)	悠(생각할 유)
		流(흐를 유)	堉(기름진땅 육)	胤(맏아들 윤)
		崙(산이름 윤)	率(헤아릴 율)	異(姓, 다를 이)
		移(옮길 이)	梨(배 이)	珆(귀막이옥 이)
		离(밝을 이)	翊(도울 익)	寅(범 인)
		笠(삿갓 입)	粒(낟알 입)	海(姓, 바다 해)
		偕(함께 해)	珦(옥이름 향)	許(姓, 허락할 허)
		絃(악기줄 현)	晛(햇살 현)	挾(낄 협)
		浹(젖을 협)	邢(姓, 땅 형)	珩(갓끈 형)
		彗(빗자루 혜)	胡(姓, 어찌 호)	浩(클 호)
		毫(가는털 호)	晧(밝을 호)	扈(姓, 넓을 호)
		婚(혼인할 혼)	貨(재화 화)	患(근심 환)
		晥(환할 환)	凰(봉황새 황)	悔(뉘우칠 회)
		晦(그믐 회)	涍(물가 효)	焄(김오를 훈)
		晞(마를 희)		
	金	蛇(뱀 사)	邪(간사할 사)	斜(빗길 사)
		徙(옮길 사)	產(낳을 산)	殺(죽일 살)
		參(석 삼)	常(늘 상)	商(헤아릴 상)
		祥(착할 상)	爽(시원할 상)	敘(차례 서)
		庶(백성 서)	船(배 선)	旋(돌이킬 선)
		雪(눈 설)	設(만들 설)	涉(건널 섭)

획수 (수리오행)	음령 오행	한 자		
11획 (木)	金	离(은나라시조이름 설)	晟(=晠, 밝을 성)	細(가늘 세)
		消(꺼질 소)	紹(이을 소)	巢(새집 소)
		疏(뚫릴 소)	率(거느릴 솔)	訟(송사할 송)
		宿(잘 숙)	孰(살필 숙)	珣(옥그릇 순)
		術(재주 술)	崇(공경할 숭)	習(익힐 습)
		埴(찰진흙 식)	晨(샛별 신)	紳(점잖을 신)
		悉(다할 실)	紫(자주빛 자)	瓷(사기그릇 자)
		雀(참새 작)	章(姓, 밝을 장)	將(장수 장)
		張(姓, 베풀 장)	帳(휘장 장)	梓(가래나무 재)
		苧(모시 저)	笛(파리 적)	寂(고요할 적)
		專(오로지 전)	頂(꼭대기 정)	停(머무를 정)
		桯(기둥 정)	偵(엿볼 정)	挺(빼어날 정)
		第(차례 제)	祭(제사 제)	悌(공경할 제)
		梯(층 제)	鳥(새 조)	條(조리 조)
		組(짤 조)	彫(새길 조)	窕(고요할 조)
		釣(낚시 조)	曹(姓, 무리 조)	族(겨레 족)
		終(마칠 종)	從(따를 종)	晝(낮 주)
		胄(자손 주)	珠(姓, 구슬 주)	浚(깊을 준)
		晙(밝을 준)	焌(불땔 준)	埻(과녁 준)
		苗(성할 줄)	趾(발 지)	振(떨칠 진)
		執(姓, 잡을 집)	捉(낄 착)	參(참여할 참)
		唱(노래할 창)	窓(창 창)	彩(채색 채)
		埰(사패지 채)	寀(姓, 동관 채)	責(맡을 책)
		處(곳 처)	戚(겨fp 척)	阡(두렁 천)
		崔(姓, 높을 최)	側(곁 측)	浸(잠길 침)
	水	麻(姓, 삼베 마)	曼(멀 만)	晩(늦을 만)
		望(볼 망)	梅(姓, 매화나무 매)	麥(보리 맥)
		冕(면류관 면)	苗(싹 묘)	茂(풀우거질 무)

획수 (수리오행)	음령 오행	한 자		
11획 (木)	水	務(힘쓸 무) 密(빽빽할 민) 訪(물을 방) 背(등 배) 烽(봉화 봉) 符(부적 부) 婢(하녀 비) 販(팔 판) 偏(기울 편) 浦(물가 포) 彪(문체 포) 苾(향기로울 필)	問(물을 문) 班(姓, 나누어줄 반) 邦(姓, 봉할 방) 范(姓, 벌 범) 婦(아내 부) 副(다음 부) 貧(가난할 빈) 敗(깨어질 패) 閉(닫을 폐) 捕(사로잡을 포) 被(이불 피)	敏(민첩할 민) 返(돌아올 반) 培(북돋울 배) 瓶(병 병) 浮(뜰 부) 崩(산무너질 붕) 彬(姓, 빛날 빈) 浿(물이름 패) 胞(태보 포) 票(표 표) 畢(마칠 필)
12획 (木)	木	街(거리 가) 敢(구태여 감) 開(열 개) 傑(준걸 걸) 卿(姓, 벼슬 경) 款(정성스러울 관) 球(둥글 구) 貴(귀할 귀) 給(줄 급) 欺(속일 기) 棋(바둑 기)	殼(껍질 각) 堪(견딜 감) 凱(화할 개) 結(맺을 결) 硬(단단할 경) 掛(걸릴 괘) 邱(언덕 구) 鈞(고를 균) 期(기약 기) 棄(버릴 기)	間(사이 간) 强(강할 강) 距(떨어질 거) 景(경치 경) 控(당길 공) 喬(교만할 교) 厥(그것 궐) 筋(힘줄 근) 幾(얼마 기) 淇(물 기)
	火	絡(맥 낙, 락) 勞(일할 노[로]) 茶(차 다) 淡(묽을 담) 悳(큰 덕)	捺(도장찍을 날) 淚(눈물 누[루]) 單(姓, 홀로 단) 答(대답 답) 盜(도적 도)	琅(문고리 낭[랑]) 能(능할 능) 短(짧을 단) 貸(빌릴 대) 堵(담 도)

획수 (수리오행)	음령 오행	한 자		
12획 (木)	火	棹(노 도) 童(아이 동) 等(등급 등) 量(헤아릴 량) 理(다스릴 리) 邰(태나라 태)	敦(姓, 도타울 돈) 棟(용마루 동) 登(오를 등) 裂(찢어질 렬) 晫(밝을 탁) 統(거느릴 통)	惇(든든할 돈) 鈍(무딜 둔) 掠(노략질할 략) 琉(유리돌 류) 探(생각할 탐) 痛(아플 통)
	土	雅(바를 아) 涯(물가 액) 掩(막을 엄) 硯(벼루 연) 詠(읊을 영) 堯(높을 요) 堣(땅이름 우) 媛(아름다울 원) 圍(둘레 위) 喩(깨우쳐줄 유) 鈗(창 윤) 理(다스릴 이) 厦(큰집 하) 寒(찰 한) 涵(잠길 함) 現(나타날 현) 皓(훨 호) 惑(미혹할 혹) 畫(그림 화) 荒(거칠 황) 喉(목구멍 후) 胸(가슴 흉)	惡(악할 악) 液(즙 액) 睗(해돋이 역) 淵(못 연) 珸(옥빛 오) 茸(녹용 용) 雲(姓, 구름 운) 越(넘을 월) 惟(꾀할 위) 琉(유리돌 유) 淫(방탕할 음) 壹(하나 일) 賀(姓, 하례할 하) 閒(한가할 한) 項(목 항) 脅(옆구리 협) 淏(맑은모양 호) 混(흐릴 혼) 喚(부를 환) 堭(대궐 황) 勛(공훈 훈) 黑(검을 흑)	雁(기러기 안) 量(헤아릴 양) 然(그럴 연) 裂(찢어질 열) 琬(서옥 완) 寓(부칠 우) 雄(수컷 웅) 爲(하 위) 庾(姓, 노적 유) 閏(윤달 윤) 貳(두 이) 剩(남을 잉) 閑(막을 한) 割(나눌 할) 虛(빌 허) 惠(은혜 혜) 壺(병 호) 惚(황홀할 홀) 黃(姓, 누를 황) 媓(여자이름 황) 喧(지껄일 훤) 欽(공경할 흠)

획수 (수리오행)	음령 오행	한 자		
12획 (木)	土	翕(합할 흡)	喜(기쁠 희)	稀(드물 희)
	金	絲(실 사)	詞(고할 사)	捨(버릴 사)
		詐(속일 사)	斯(쪼갤 사)	奢(사치할 사)
		散(흩어질 산)	傘(우산 산)	森(성할 삼)
		喪(복입을 상)	象(코끼리 상)	翔(날개 상)
		舒(펼 서)	棲(살 서)	壻(=婿, 사위 서)
		惜(가엾을 석)	淅(쌀일 석)	晳(분석할 석)
		善(착할 선)	琁(아름다운옥 선)	盛(성할 성)
		珹(옥 성)	稅(거둘 세)	訴(송사할 소)
		掃(쓸 소)	疎(드물 소)	邵(姓, 높을 소)
		粟(좁쌀 속)	巽(사양할 손)	授(줄 수)
		須(모름지기 수)	琇(옥돌 수)	淑(맑을 숙)
		順(순할 순)	循(의지할 순)	荀(姓, 풀이름 순)
		筍(姓, 죽순 순)	舜(姓, 순임금 순)	淳(맑을 순)
		焞(밝을 순)	述(이을 술)	勝(이길 승)
		視(볼 시)	植(심을 식)	殖(성할 식)
		寔(이 식)	深(깊을 심)	尋(찾을 심)
		殘(나머지 잔)	場(마당 장)	粧(단장할 장)
		掌(손바닥 장)	裁(헤아릴 재)	貯(저축할 저)
		邸(姓, 주막 저)	迪(나아갈 적)	絶(끊을 절)
		接(합할 접)	情(뜻 정)	淨(맑을 정)
		程(姓, 한정 정)	珵(패옥 정)	幀(그림족자 정)
		晶(맑을 정)	晸(해뜨는모양 정)	珽(옥이름 정)
		淀(얕은물 정)	堤(막을 제)	朝(아침 조)
		措(둘 조)	詔(조서 조)	尊(공경할 존)
		淙(물소리 종)	棕(종려나무 종)	悰(즐거울 종)
		註(기록할 주)	竣(그칠 준)	畯(농부 준)
		衆(무리 중)	曾(일찍 증)	智(姓, 슬기 지)

획수 (수리오행)	음령 오행	한 자		
12획 (木)	金	軫(수레 진) 創(비롯할 창) 策(책할 책) 喆(밝을 철) 淸(맑을 청) 草(풀 초) 最(가장 최) 就(이룰 취)	集(모을 집) 敞(넓을 창) 悽(아플 처) 添(더할 첨) 晴(갤 청) 超(뛰어넘을 초) 推(천거할 추)	着(붙을 착) 採(가려낼 채) 淺(얕을 천) 捷(빠를 첩) 替(대신할 체) 焦(그을릴 초) 軸(굴대 축)
	水	茫(아득할 망) 脈(맥 맥) 無(아닐 무) 迫(궁할 박) 防(막을 방) 番(한번 번) 普(넓을 보) 捧(받들 봉) 傅(스승 부) 備(갖출 비) 斌(빛날 빈) 彭(姓, 방패 팽) 筆(글 필)	買(살 매) 猛(날랠 맹) 貿(무역 무) 博(넓을 박) 傍(곁 방) 棅(자루 병) 堡(둑 보) 棒(몽둥이 봉) 復(다시 부) 費(없앨 비) 阪(산비탈 판) 評(평론할 평) 弼(姓, 도울 필)	媒(중매 매) 棉(목화나무 면) 閔(姓, 민망할 민) 發(일어날 발) 排(떠밀 배) 報(갚을 보) 復(돌아볼 복) 富(부자 부) 悲(슬플 비) 扉(닫을 비) 牌(방붙일 패) 幅(폭 폭)
13획 (火)	木	暇(한가할 가) 脚(다리 각) 渴(목마를 갈) 鉀(갑옷 갑) 揭(높이들 개) 敬(姓, 공경할 경) 鼓(북 고)	嫁(시집갈 가) 幹(줄기 간) 減(덜 감) 渠(개천 거) 絹(비단 견) 傾(기울 경) 琨(패옥 곤)	賈(姓, 값 가) 揀(가릴 간) 感(감동할 감) 楗(문빗장 건) 經(경영할 경) 莖(줄기 경) 誇(자랑할 과)

획수 (수리오행)	음령 오행	한 자		
13획 (火)	木	琯(옥피리 관) 較(비교할 교) 窟(굽을 굴) 勤(부지런할 근) 禽(새 금) 祺(길할 기)	塊(흙덩이 괴) 鳩(비둘기 구) 揆(헤아릴 규) 僅(남을 근) 琴(姓, 거문고 금) 琦(옥이름 기)	郊(시외 교) 群(무리 군) 極(극진할 극) 禁(금할 금) 琪(옥이름 기) 嗜(즐길 기)
	火	酪(소젖 낙[락]) 亂(얽힐 난[란]) 廊(곁채 낭[랑]) 農(농사 농) 當(마당 당) 逃(달아날 도) 督(감독할 독) 廉(맑을 렴) 裏(=裡, 속 리) 琢(다듬을 탁) 塔(탑 탑)	暖(따뜻할 난) 楠(매화나무 남) 路(길 노[로]) 惱(걱정 뇌) 塘(못 당) 渡(건널 도) 頓(꾸벅거릴 돈) 零(부서질 령) 莉(말리꽃 리) 琸(사람이름 탁) 湯(끓을 탕)	煖(따뜻할 난) 湳(물이름 남) 祿(복 녹[록]) 雷(천둥 뇌[뢰]) 跳(뛸 도) 塗(진흙 도) 煉(쇠불릴 련) 鈴(방울 령) 琳(아름다운옥 림) 脫(벗어날 탈) 退(물러갈 퇴)
	土	阿(姓, 아첨할 아) 愛(사랑 애) 業(일 업) 鉛(납 연) 廉(맑을 염) 渶(물맑을 영) 楹(기둥 영) 嗚(탄식할 오) 鈺(보배 옥) 莞(골 완) 愚(어리석을 우)	衙(마을 아) 揚(떨칠 양) 逆(거스를 역) 筵(대자리 연) 琰(아름다운옥 염) 煐(빛날 영) 鈴(방울 영) 傲(거만할 오) 媼(할미 온) 琬(아름다운옥 완) 煜(빛날 욱)	暗(어두울 암) 楊(姓, 버들 양) 煙(연기 연) 煉(쇠불릴 연) 零(부서질 영) 暎(비칠 영) 預(미리 예) 奧(깊은 오) 雍(姓, 화할 옹) 湧(용맹할 용) 郁(姓, 성할 욱)

획수 (수리오행)	음령 오행	한 자		
13획 (火)	土	頊(삼갈 욱) 援(당길 원) 渭(물이름 위) 愈(나을 유) 飮(마실 음) 裏(=裡, 속 이) 稔(여물 임) 厦(큰집 하) 該(해당할 해) 號(부를 호) 渾(흐릴 혼) 換(바꿀 환) 煌(빛날 황) 塤(풍류 훈) 揮(뽐낼 휘) 輝(빛날 휘)	園(동산 원) 嫄(여자이름 원) 猶(같을 유) 楡(느릅나무 유) 義(옳을 의) 莉(말리꽃 이) 琳(아름다운옥 임) 港(항구 항) 楷(본받을 해) 湖(호수 호) 話(말 화) 渙(찬란할 환) 會(모을 회) 暄(따듯할 훤) 彙(무리 휘) 熙(빛날 희)	圓(둥글 원) 暐(빛환할 위) 裕(넉넉할 유) 猷(꾀 유) 意(뜻 의) 賃(빌 임) 荷(연꽃 하) 解(풀 해) 鉉(솥귀 현) 琥(호박 호) 畵(그림 화) 煥(밝을 환) 逅(만날 후) 毁(험담할 회) 暉(햇빛 휘) 詰(꾸짖을 힐)
	金	揷(=挿, 꽂을 삽) 詳(자세할 상) 嗇(인색할 색) 渲(물적실 선) 聖(성인 성) 歲(해 세) 愁(근심 수) 肅(엄숙할 숙) 詩(시 시) 軾(수레난간 식) 雌(암컷 자) 裝(치장할 장)	想(생각할 상) 湘(삶을 상) 暑(더위 서) 愃(쾌할 선) 惺(영리할 성) 送(보낼 송) 修(닦을 수) 琡(옥이름 숙) 試(시험할 시) 新(새 신) 資(재물 자) 載(실을 재)	傷(상할 상) 塞(요새 새) 鉐(놋쇠 석) 羨(부러워할 선) 勢(권세 세) 頌(칭송할 송) 睡(졸음 수) 脣(입술 순) 湜(물맑을 식) 莘(약이름 신) 莊(姓, 씩씩할 장) 渽(맑을 재)

획수(수리오행)	음령오행	한자		
13획 (火)	金	賊(도둑 적) 傳(전할 전) 塡(편안할 전) 楨(단단한나무 정) 鉦(징 정) 照(비칠 조) 雋(훌륭할 준) 粲(선명할 찬) 楚(모양 초) 楸(가래나무 추) 稚(어릴 치)	跡(발자취 적) 詮(갖출 전) 殿(대궐 전) 鼎(솥 정) 靖(꾀할 정) 琮(옥 종) 稙(올벼 직) 債(빚 채) 催(재촉할 최) 椿(姓, 참죽나무 춘) 雉(꿩 치)	電(전기 전) 琠(옥이름 전) 湞(물이름 정) 綎(띠술 정) 提(당길 제) 湊(물모일 주) 楫(노 집) 僉(여럿 첨) 追(쫓을 추) 測(측량할 측) 馳(달릴 치)
	水	莫(저물 막) 睦(姓, 화목할 목) 微(작을 미) 頒(반포할 반) 湃(물소리 배) 輧(가벼운수레 병) 琫(칼장식옥 봉) 琵(비파 비) 稟(줄 품)	盟(맹세 맹) 描(그릴 묘) 渼(물결무늬 미) 鉢(바릿대 발) 珷(옥돌이름 무) 補(도울 보) 附(의지할 부) 聘(장가들 빙) 楓(단풍나무 풍)	募(널리구할 모) 迷(미혹할 미) 飯(밥 반) 渤(바다 발) 煩(번거로울 번) 蜂(벌 봉) 碑(비석 비) 琶(비파 파) 豊(풍년 풍)
14획 (火)	木	歌(노래 가) 監(살필 감) 箇(낱 개) 境(지경 경) 誡(경계할 계) 菓(실과 과) 愧(부끄러워할 괴) 溝(개천 구)	嘉(아름다울 가) 降(내릴 강) 愷(편안할 개) 逕(길 경) 敲(두드릴 고) 廓(넓을 곽) 僑(높을 교) 菊(국화 국)	閣(층집 각) 綱(벼리 강) 輕(가벼울 경) 溪(시내 계) 寡(적을 과) 管(주관할 관) 構(얽을 구) 郡(고을 군)

획수 (수리오행)	음령 오행	한 자		
14획 (火)	木	閨(규수 규) 嫤(아름다울 근) 綺(비단 기) 緊(요긴할 긴)	菌(곰팡이 균) 兢(굳셀 긍) 箕(별이름 기)	墐(묻을 근) 旗(기 기) 颱(별기운 기)
	火	郞(사내 낭[랑]) 屢(여러 누[루]) 端(실마리 단) 臺(토대 대) 銅(구리 동) 領(고개 령) 誕(태어날 탄) 通(통할 통)	寧(편안할 녕) 綾(비단 능[릉]) 團(둥글 단) 圖(그림 도) 萊(쑥 내[래]) 僚(벗 료) 奪(빼앗을 탈) 透(통할 투)	綠(푸를 녹[록]) 菱(마름 능[릉]) 對(마주볼 대) 途(길 도) 蓮(이을 련) 綸(실 륜) 態(태도 태)
	土	菴(암자 암) 連(이을 연) 領(고개 영) 誤(잘못할 오) 搖(움직일 요) 榕(목나무 용) 熊(곰 웅) 愿(정성 원) 維(이을 유) 綸(실 윤) 爾(너 이) 馹(역말 일) 豪(호걸 호) 華(꽃 화) 榥(책상 황) 携(끌 휴)	語(말씀 어) 說(기꺼울 열) 瑛(옥빛 영) 獄(옥 옥) 僚(벗 요) 踊(뛸 용) 源(근원 원) 僞(거짓 위) 誘(꾀일 유) 銀(은 은) 認(알 인) 限(한정 한) 瑚(산호 호) 禍(재난 화) 劃(새길 획) 僖(즐거울 희)	與(더불어 여) 榮(영화 영) 睿(밝을 예) 溫(姓, 따듯할 온) 溶(물질펀할 용) 瑀(옥돌 우) 瑗(도리 원) 瑋(노리개 위) 瑜(아름다운옥 유) 疑(의심할 의) 溢(넘칠 일) 赫(붉을 혁) 魂(혼 혼) 滉(물깊을 황) 熏(불기운 훈) 熙(빛날 희)

획수(수리오행)	음령오행	한자		
14획 (火)	金	算(산술 산) 裳(치마 상) 誓(맹세할 서) 銑(끌 선) 瑆(옥 성) 損(덜 손) 需(음식 수) 塾(사랑방 숙) 飾(꾸밀 식) 慈(인자할 자) 銓(저울질할 전) 製(법제 제) 趙(조나라 조) 種(씨 종) 逎(다가설 주) 盡(다할 진) 滄(큰바다 창) 彰(밝을 창) 銃(총 총) 萃(모을 췌) 置(둘 치)	酸(산소 산) 像(모양 상) 碩(클 석) 說(말씀 설) 韶(아름다울 소) 誦(풍유할 송) 銖(저울눈 수) 瑟(거문고 슬) 愼(姓, 삼갈 신) 滋(맛 자) 精(세밀할 정) 齊(엄숙할 제) 肇(비로소 조) 綜(모을 종) 準(법도 준) 塵(티끌 진) 暢(통할 창) 菜(姓, 나물 채) 逐(쫓을 축) 翠(푸를 취) 寢(잘 침)	嘗(姓, 맛볼 상) 瑞(상서 서) 瑄(도리옥 선) 誠(살필 성) 速(빠를 속) 壽(목숨 수) 粹(순수할 수) 僧(중 승) 實(열매 실) 奬(권면할 장) 禎(상서 정) 瑅(옥이름 제) 造(만들 조) 罪(허물 죄) 誌(기록할 지) 察(살필 찰) 菖(창포 창) 綴(맺을 철) 瑃(옥이름 춘) 聚(모을 취) 稱(부를 칭)
	水	幕(장막 막) 綿(솜 면) 銘(새길 명) 夢(꿈 몽) 聞(姓, 들을 문) 閥(가문 벌) 輔(도울 보)	網(그물 망) 滅(멸할 멸) 溟(어두울 명) 墓(무덤 묘) 蜜(꿀 밀) 碧(푸를 벽) 福(복 복)	萌(풀싹 맹) 鳴(울 명) 貌(모양 모) 舞(춤출 무) 裵(=裴, 성씨 배) 餠(불린금덩이 병) 逢(만날 봉)

획수(수리오행)	음령오행	한 자		
14획 (火)	水	鳳(姓, 새 봉) 鼻(코 비) 飽(배부를 포)	腐(썩을 부) 賓(姓, 손님 빈) 馝(향내날 필)	溥(클 부) 頗(비뚤어질 파)
15획 (土)	木	價(값 가) 葛(姓, 칡 갈) 槪(절개 개) 劍(칼 검) 熲(빛날 경) 課(공부 과) 寬(너그러울 관) 銶(끌 구) 劇(심할 극) 畿(경기 기)	稼(심을 가) 慷(강개할 강) 漑(물댈 개) 慶(姓, 경사 경) 稿(원고 고) 郭(姓, 둘레 곽) 廣(姓, 넓을 광) 窮(궁할 궁) 墐(맑을 근)	駕(멍에 가) 慨(분개할 개) 儉(검소할 검) 儆(경계할 경) 穀(곡식 곡) 慣(익숙할 관) 嬌(맵시 교) 逵(큰길 규) 槿(무궁화 근)
	火	樂(풍류 낙[락]) 魯(어리석을 노[로]) 樓(다락 누[루]) 緞(비단 단) 德(큰 덕) 董(바를 동) 樑(대들보 량) 閭(이문 려) 輪(바퀴 륜) 歎(탄식할 탄)	落(떨어질 락[낙]) 論(말할 논[론]) 漏(샐 누[루]) 談(말씀 담) 稻(벼 도) 瑯(잠글 랑) 慮(생각 려) 練(익힐 련) 履(가죽신 리) 彈(姓, 탄알 탄)	瑯(잠글 낭[랑]) 腦(머릿골 뇌) 凜(찰 늠[름]) 踏(밟을 답) 墩(돈대 돈) 諒(믿을 량) 黎(무리 려) 劉(이길 류) 墮(떨어질 타)
	土	樂(풍류 악) 樣(모양 양) 樑(대들보 양) 慮(생각 여)	雁(기러기 안) 諒(믿을 양) 漁(낚시터 어) 閭(이문 여)	養(기를 양) 漾(출렁거릴 양) 億(억 억) 黎(무리 여)

획수 (수리오행)	음령 오행	한 자		
15획 (土)	土	演(펼 연) 熱(더울 열) 影(그림자 영) 瑥(사람이름 온) 瑤(아름다운옥 요) 瑢(옥소리 용) 院(집 원) 慰(위로할 위) 誾(화평할 은) 毅(굳셀 의) 漢(한수 한) 瑩(밝을 형) 確(확실할 확) 輝(빛날 휘)	緣(인연 연) 閱(겪을 열) 瑩(귀막이옥 영) 緩(더딜 완) 樂(좋아할 요) 憂(근심 우) 緯(경위 위) 劉(姓, 이길 유) 儀(꼴 의) 履(가죽신 이) 墟(언덕 허) 慧(지혜 혜) 勳(공훈 훈) 興(일어날 흥)	練(익힐 연) 葉(姓, 세대 엽) 銳(날카로울 예) 腰(허리 요) 慾(욕심 욕) 郵(우편 우) 衛(막을 위) 輪(바퀴 윤) 誼(옳을 의) 逸(놓을 일) 賢(어질 현) 嬅(고울 화) 萱(원추리 훤) 嬉(놀 희)
	金	賜(줄 사) 箱(상자 상) 奭(클 석) 嬋(고울 선) 熟(익힐 숙) 陞(오를 승) 暫(잠시 잠) 腸(창자 장) 暲(밝을 장) 滴(물방울 적) 漸(번질 점) 靚(단장할 정) 週(두루 주) 增(더할 증)	寫(모뜰 사) 署(마을 서) 線(실 선) 誰(무엇 수) 諄(지극할 순) 審(살필 심) 箴(경계할 잠) 漳(물이름 장) 著(지을 저) 摘(움직일 적) 蝶(들나비 접) 除(섬돌 제) 駐(머물 주) 摯(잡을 지)	賞(상줄 상) 緖(실마리 서) 墡(백토 선) 數(셀 수) 醇(순수할 순) 磁(자석 자) 葬(장사지낼 장) 樟(예장나무 장) 敵(대적할 적) 節(마디 절) 鋌(살촉 정) 調(고를 조) 儁(영특할 준) 稷(피 직)

획수 (수리오행)	음령 오행	한 자		
15획 (土)	金	進(나아갈 진) 瑱(귀막이옥 진) 徵(거둘 징) 慚(=慙, 부끄러울 참) 賤(천할 천) 請(청할 청) 衝(충돌할 충) 層(층 층)	瑨(=瑨, 아름다운돌 진) 震(진동할 진) 贊(찬성할 찬) 廠(헛간 창) 踐(행할 천) 締(꼭맺을 체) 醉(술취할 취) 齒(이 치)	陣(진 진) 質(근본 질) 慘(참혹할 참) 陟(오를 척) 徹(통할 철) 樞(밑둥치 추) 趣(나아갈 취) 漆(검을 칠)
	水	瑪(옥돌이름 마) 滿(넘칠 만) 賣(팔 매) 慕(사모할 모) 墨(姓, 먹 묵) 髮(머리카락 발) 範(본보기 범) 鋒(칼날 봉) 敷(펼 부) 編(엮을 편) 幣(폐백 폐) 褒(칭찬할 포) 漂(뜰 표)	漠(아득할 막) 慢(게으를 만) 暮(저물 모) 摸(본뜰 모) 盤(소반 반) 輩(무리 배) 腹(배 복) 部(나눌 부) 墳(봉분 분) 廢(폐할 폐) 陛(섬돌 폐) 暴(사나울 폭)	萬(姓, 일만 만) 漫(부질없을 만) 模(모범 모) 廟(사당 묘) 磐(반석 반) 罰(벌줄 벌) 複(거듭 복) 賦(거둘 부) 篇(편찬할 편) 弊(폐단 폐) 葡(포도 포) 標(표할 표)
16획 (土)	木	諫(간할 간) 彊(굳셀 강) 憩(쉴 게) 曔(밝을 경) 舘(객사 관) 龜(거북 구[귀]) 瑾(붉은옥 근)	墾(밭갈 간) 蓋(덮을 개) 潔(맑을 결) 錕(구리 곤) 錧(보습 관) 窺(엿볼 규) 錦(비단 금)	鋼(강철 강) 劒(칼 검) 憬(깨달을 경) 過(넘칠 과) 橋(다리 교) 橘(귤 귤) 器(그릇 기)

획수 (수리오행)	음령 오행	한 자		
16획 (土)	木	機(기계 기) 錡(밥솥 기)	璂(고깔꾸미개옥 기) 冀(원할 기)	錤(호미 기)
	火	諾(대답할 낙) 賴(믿을 뇌[뢰]) 達(통달할 달) 道(길 도) 導(이끌 도) 燉(불빛 돈) 遁(달아날 둔) 曆(책력 력) 龍(용 룡) 潾(물맑을 린)	盧(姓, 검은빛 노[로]) 陵(큰언덕 능[릉]) 潭(소담 담) 都(姓, 도읍 도) 篤(도타울 독) 潼(물결솟아칠 동) 燈(등잔 등) 憐(불쌍할 련) 陸(육지 륙) 霖(장마 림)	錄(문서 녹[록]) 壇(제터 단) 糖(엿 당) 陶(姓, 질그릇 도) 暾(해돋을 돈) 頭(머리 두) 歷(지날 력) 璉(호련 련) 璃(유리 리)
	土	餓(굶을 아) 鴦(원앙새 앙) 餘(남을 여) 燃(불사를 연) 璉(호련 연) 豫(미리 예) 甕(姓, 막을 옹) 遇(만날 우) 謂(고할 위) 遊(놀 유) 潤(윤택할 윤) 凝(엉길 응) 潾(물맑을 인) 翰(날개 한) 憲(법 헌) 衡(저울 형)	謁(아뢸 알) 諺(상말 언) 歷(지날 역) 燕(姓, 편안할 연) 曄(불이글이글할 엽) 叡(밝을 예) 龍(용 용) 運(운전할 운) 衛(막을 위) 儒(선비 유) 融(융통할 융) 彛(떳떳할 이) 霖(장마 임) 陷(함정 함) 縣(고을 현) 澔(클 호)	鴨(집오리 압) 業(높고험할 업) 曆(책력 역) 憐(불쌍할 연) 曄(밝을 엽) 穩(평안할 온) 蓉(연꽃 용) 澐(큰물결 운) 違(어길 위) 陸(姓, 육지 육) 陰(姓, 응달 음) 璃(유리 이) 學(배울 학) 諧(화합 해) 螢(개똥벌레 형) 樺(벗나무 화)

획수 (수리오행)	음령 오행	한 자		
	土	橫(가로 횡) 戱(=戲, 희롱할 희) 熹(밝을 희)	曉(밝을 효) 噫(탄식할 희) 憙(기뻐할 희)	勳(공훈 훈) 憘(성할 희) 羲(숨 희)
16획 (土)	金	錫(주석 석) 醒(깨달을 성) 輸(떨어뜨릴 수) 潛(=潜, 잠길 잠) 縡(일 재) 戰(싸움 전) 整(정돈할 정) 潮(조수 조) 憎(증오할 증) 潗(=潗, 샘날 집) 錯(어긋날 착) 澈(물맑을 철) 樵(땔나무 초) 蓄(모을 축) 熾(맹렬할 치)	璇(옥이름 선) 燒(불땔 소) 遂(이룰 수) 墻(담 장) 錚(징 쟁) 錢(姓, 돈 전) 錠(신선로 정) 璁(패옥소리 종) 蒸(찔 증) 輯(모을 집) 撰(갖출 찬) 撤(걷을 철) 錐(송곳 추) 築(쌓을 축) 親(친할 친)	暹(나아갈 섬) 樹(나무 수) 錞(악기이름 순) 璋(구슬 장) 積(모을 적) 靜(고요할 정) 諸(姓, 모을 제) 遒(다가설 주) 陳(姓, 묵을 진) 澄(맑을 징) 蒼(푸를 창) 諦(살필 체) 錘(저울 추) 賰(넉넉할 춘)
	水	磨(칼 마) 蒙(어릴 몽) 憫(딱할 민) 潑(물뿌릴 발) 辨(판단할 변) 頻(자주 빈) 罷(파할 파)	謀(꾀 모) 撫(누를 무) 撲(맞부딪칠 박) 陪(따를 배) 憤(분할 분) 憑(의지할 빙) 澎(물소리 팽)	穆(공경할 목) 默(잠잠할 묵) 潘(姓, 물이름 반) 壁(바람벽 벽) 奮(뽐낼 분) 播(심을 파) 遍(두루 변[편])
17획 (金)	木	懇(정성 간) 橿(싸리 강)	瞰(굽어볼 감) 據(의지할 거)	講(강론할 강) 鍵(자물쇠 건)

획수 (수리오행)	음령 오행	한 자		
17획 (金)	木	檢(검사할 검) 檄(격문 격) 璟(옥빛 경) 階(계단 계) 膠(굳을 교) 磯(여울돌 기)	擊(칠 격) 遣(보낼 견) 擎(받들 경) 館(객사 관) 購(살 구) 璣(잔구슬 기)	激(격동할 격) 謙(겸손할 겸) 檠(=橄, 도지개 경) 矯(거짓 교) 鞠(기를 국)
	火	濃(두터울 농) 擔(멜 담) 蹈(밟을 도) 勵(힘쓸 려) 蓮(연꽃 련) 嶺(고개 령) 臨(임할 림) 擇(가릴 택)	檀(박달나무 단) 隊(무리 대) 獨(홀로 독) 鍊(단련할 련) 濂(경박할 렴) 隆(성할 륭) 濁(더러울 탁)	鍛(쇠칠 단) 鍍(도금할 도) 謄(베낄 등) 聯(관계할 련) 斂(거둘 렴) 璘(옥무늬 린) 澤(못 택)
	土	嶽(큰산 악) 襄(姓, 도울 양) 勵(힘쓸 여) 蓮(연꽃 연) 營(경영할 영) 嬰(어릴 영) 謠(노래 요) 蔚(고을이름 울) 隆(성할 융) 璘(옥무늬 인) 韓(姓, 한나라 한) 鄕(고향 향) 闊(트일 활) 澮(물흐를 회)	壓(누를 압) 檍(박달나무 억) 鍊(단련할 연) 濂(경박할 염) 嶺(고개 영) 擁(안을 옹) 優(넉넉할 우) 遠(멀 원) 應(姓, 응당 응) 臨(임할 임) 澣(빨래할 한) 壕(해자 호) 璜(패옥 황) 壎(질나팔 훈)	陽(볕 양) 輿(수레 여) 聯(관계할 연) 斂(거둘 염) 鍈(방울소리 영) 遙(멀 요) 隅(모퉁이 우) 轅(멍에 원) 謚(웃는모양 익) 霞(노을 하) 轄(관장할 할) 鴻(기러기 홍) 檜(전나무 회) 徽(아름다울 휘)

획수(수리오행)	음령오행	한 자
17획(金)	土	禧(길할 희)
	金	謝(姓, 사례할 사)　蔘(인삼 삼)　霜(서리 상) 償(갚을 상)　鮮(姓, 생선 선)　禪(고요할 선) 燮(불꽃 섭)　聲(소리 성)　遡(거스를 소) 蔬(나물 소)　遜(겸손할 손)　雖(비록 수) 隋(수나라 수)　穗(이삭 수)　瞬(잠깐 순) 膝(무릎 슬)　爵(벼슬 작)　牆(담 장) 齋(집 재)　績(길쌈 적)　點(점 점) 燥(마를 조)　操(조정할 조)　縱(세로 종) 鍾(쇠북 종)　駿(준마 준)　甑(시루 증) 璡(아름다운돌 진)　燦(빛날 찬)　澯(맑을 찬) 蔡(姓, 채나라 채)　遞(역말 체)　燭(비칠 촉) 總(합할 총)　聰(민첩할 총)　醜(추할 추) 鄒(姓, 추나라 추)　縮(거둘 축)　蟄(겨울잠잘 칩)
	水	蔓(덩쿨 만)　錨(姓, 닻 묘)　彌(두루 미) 璞(옥덩어리 박)　繁(성할 번)　蓬(쑥 봉) 膚(피부 부)　嬪(복종할 빈)
18획(金)	木	簡(편지 간)　擧(들 거)　隔(막을 격) 鵑(두견새 견)　鎌(낫 겸)　舊(옛적 구) 軀(몸 구)　闕(대궐문 궐)　歸(돌아갈 귀) 隙(틈날 극)　謹(삼갈 근)　騎(마병 기) 騏(얼룩말 기)
	火	濫(넘칠 남[람])　斷(끊을 단)　擡(움직거릴 대) 戴(모실 대)　濤(물결 도)　燾(덮일 도) 糧(양식 량)　禮(예도 례)　曜(요일 요) 鎔(녹일 용)　魏(姓, 위나라 위)　醫(의원 의) 擬(추측할 의)　彝(떳떳할 이)　翼(날개 익)

획수 (수리오행)	음령 오행	한 자		
18획 (金)	土	鎰(중량 일) 濠(해자 호) 闊(트일 활)	爀(빛날 혁) 鎬(호경 호) 獲(얻을 획)	蕙(혜초 혜) 環(옥고리 환) 燻(불기운 훈)
	金	雙(짝 상) 繕(기울 선) 濕(젖을 습) 蹟(사적 적) 濟(정할 제) 職(직분 직) 璨(옥빛찬란할 찬) 蕉(파초 초)	曙(새벽 서) 鎖(자물쇠 쇄) 雜(섞일 잡) 轉(돌 전) 遭(만날 조) 織(짤 직) 瞻(쳐다볼 첨) 叢(모을 총)	膳(먹을 선) 繡(수놓을 수) 適(갈 적) 題(제목 제) 濬(깊을 준) 鎭(진정할 진) 礎(주춧돌 초) 蟲(벌레 충)
	水	謨(계책 모) 馥(향기 복) 豐(풍년 풍)	翻(뒤집을 번) 濱(물가 빈)	璧(둥근옥 벽) 蔽(가리울 폐)
19획 (水)	木	鏡(거울 경) 曠(밝을 광) 麒(기린 기)	鯨(고래 경) 壞(무너질 괴) 譏(엿볼 기)	關(관계 관) 襟(옷섶 금)
	火	難(근심 난) 禱(빌 도) 簾(발 렴) 離(떠날 리)	譚(클 담) 鄧(姓, 등나라 등) 獵(사냥 렵)	膽(쓸개 담) 麗(고을 려) 類(같을 류)
	土	麗(고을 여) 鏞(큰쇠북 용) 遺(자취 유) 離(떠날 이) 擴(넓힐 확)	艷(고을 염) 韻(울림 운) 類(같을 유) 瀅(맑을 형) 繪(수놓을 회)	簾(발 염) 願(원할 원) 膺(가슴 응) 穫(곡식거둘 확)
	金	辭(말씀 사)	選(가릴 선)	

획수 (수리오행)	음령 오행	한 자		
19획 (水)	金	璿(아름다운옥 선) 璹(옥그릇 숙) 薪(섶 신) 薔(장미꽃 장) 疇(밭두둑 주) 證(증거 증) 懲(징계할 징) 薦(천거할 천)	蟾(두꺼비 섬) 繩(노 승) 鵲(까치 작) 鄭(姓, 나라이름 정) 遵(지킬 준) 贈(줄 증) 贊(찬성할 찬) 轍(바퀴자국 철)	獸(짐승 수) 識(알 식) 障(막힐 장) 際(만날 제) 櫛(빗 즐) 遲(더딜 지) 遷(姓, 옮길 천) 寵(사랑할 총)
	水	鏋(금 만) 薄(얇을 박) 霸(으뜸 패)	霧(안개 무) 簿(장부 부) 爆(폭발할 폭)	薇(장미 미) 鵬(붕새 붕)
20획 (水)	木	覺(깨달을 각) 警(경계할 경) 勸(권할 권)	遽(급할 거) 瓊(구슬 경)	競(다툴 경) 繼(이을 계)
	火	黨(무리 당) 露(이슬 노[로]) 騰(달릴 등) 鬪(싸움 투)	羅(姓, 새그물 내[라]) 爐(화로 노[로]) 齡(나이 령)	籃(남루할 남[람]) 瀧(젖을 농[롱]) 隣(이웃 린)
	土	壤(고운흙 양) 譯(번역할 역) 議(의논할 의) 艦(군함 함) 馨(향기 형) 薰(향풀 훈)	孃(아가씨 양) 齡(나이 영) 隣(이웃 인) 獻(바칠 헌) 還(돌아올 환) 曦(빛날 희)	嚴(姓, 엄할 엄) 耀(빛날 요) 瀚(질펀할 한) 懸(매달 현) 懷(생각할 회)
	金	薩(보살 살) 藏(감출 장) 瓆(이름 질)	釋(姓, 놓을 석) 籍(호적 적) 纂(책편찬할 찬)	騷(흔들릴 소) 鐘(姓, 쇠북 종) 觸(닿을 촉)

획수(수리오행)	음령오행	한자		
20획(水)	水	寶(보배 보) 避(피할 피)	譜(족보 보)	譬(깨우칠 비)
21획(木)	木	鷄(닭 계)	顧(돌아볼 고)	驅(몰 구)
	火	瀾(큰물결 난[란]) 覽(볼 남[람]) 瓏(환할 농[롱])	爛(밝을 난, 란) 鐺(쇠사슬 당) 鐸(목탁 탁)	欄(목 난[란]) 藤(등나무 등)
	土	鶯(꾀꼬리 앵) 瀯(물소리 영) 饒(용서할 요) 險(험할 험) 鐶(고리 환)	藥(약 약) 藝(재주 예) 瀷(스며흐를 익) 護(보호할 호) 爔(불 희)	躍(뛸 약) 譽(칭찬할 예) 鶴(학 학) 顥(빛날 호)
	金	續(이을 속) 纘(이을 찬)	屬(붙일 속) 鐵(검은쇠 철)	隨(따를 수)
	水	飜(뒤집을 번) 驃(날쌜 표)	闢(열 벽)	辯(말잘할 변)
22획(木)	木	鑑(=鑒, 모범 감) 懼(근심할 구)	灌(물댈 관) 權(姓, 권세 권)	鷗(갈매기 구)
	火	瓓(옥문채 난[란])	籠(진동 농[롱])	讀(글읽을 독)
	土	隱(숨을 은) 歡(기뻐할 환)	響(울림 향) 驍(날랠 효)	譓(슬기로울 혜)
	金	攝(몰아잡을 섭) 鑄(쇠불릴 주)	蘇(姓, 차조기 소) 讚(밝을 찬)	襲(姓, 엄습할 습) 聽(들을 청)
	水	邊(변방 변)		
23획(火)	木	驚(놀랄 경) 驚(놀랄 경)	瓘(관옥 관) 瓘(관옥 관)	鑛(쇳돌 광) 鑛(쇳돌 광)

획수 (수리오행)	음령 오행	한 자		
23획 (火)	火	蘭(난초 난[란]) 麟(기린 린)	鷺(백로 노[로]) 灘(여울 탄)	戀(사모할 런)
	土	巖(바위 암) 麟(기린 인) 護(구할 호)	驛(역말 역) 驗(시험할 험)	戀(사모할 연) 顯(나타날 현)
	金	纖(가늘 섬)	髓(골수 수)	體(몸 체)
	水	變(변할 변)		
24획 (火)	火	靈(신령 령)		
	土	讓(사양할 양) 靈(신령 영)	艶(고울 염) 鷹(매 응)	鹽(소금 염)
	金	蠶(누에 잠)	臟(오장 장)	瓚(옥잔 찬)
25획 (土)	木	觀(볼 관)		
	土	灝(넓을 호)		
	金	廳(관청 청)		
	水	蠻(오랑캐 만)		
26획 (土)	金	讚(밝을 찬)		
27획 (金)	木	驥(천리마 기)		
	金	鑽(뚫을 찬)		

제7장

대법원
인명용
한자

대법원 인명용 한자

한글	인명용 한자		
가	家(집 가) 可(옳을 가) 價(값 가) 暇(겨를 가) 稼(심을 가) 伽(절 가) 呵(꾸짖을 가) 珂(옥이름 가) 茄(연줄기 가) 跏(책상다리할 가)	佳(아름다울 가) 歌(노래 가) 假(거짓 가) 嘉(아름다울 가) 賈(값 가) 迦(막을 가) 哥(노래 가) 痂(헌데딱지 가) 袈(가사 가) 軻(굴대 가)	街(거리 가) 加(더할 가) 架(시렁 가) 嫁(시집갈 가) 駕(멍에 가) 柯(자루 가) 枷(도리깨 가) 苛(매울 가) 訶(꾸짖을 가) 哿(옳을 가)
각	各(각각 각) 閣(문설주 각) 刻(새길 각) 殼(껍질 각)	角(뿔 각) 却(물리칠 각) 珏(쌍옥 각) 慤(=愨, 성실할 각)	脚(다리 각) 覺(깨달을 각) 恪(삼갈 각)
간	干(방패 간) 刊(책펴낼 간) 簡(대쪽 간) 艮(어긋날 간) 杆(=桿, 나무이름 간) 諫(간할 간) 奸(범할 간) 磵(산골짜기물 간) 癎(=癇, 간질 간)	間(사이 간) 肝(간 간) 姦(간사할 간) 侃(강직할 간) 竿(장대 간) 墾(개간할 간) 柬(가릴 간) 稈(짚 간)	看(볼 간) 幹(줄기 간) 懇(정성 간) 玕(옥돌 간) 揀(가릴 간) 栞(도표 간) 澗(산골물 간) 艱(어려울 간)
갈	渴(목마를 갈) 喝(더위먹을 갈) 竭(다할 갈)	葛(칡 갈) 曷(어찌 갈) 褐(털옷 갈)	坱(땅이름 갈) 碣(비석 갈) 蝎(나무좀 갈)

한글	인명용 한자		
갈	鞨(말갈족 갈)		
감	甘(달 감) 敢(감히 감) 勘(헤아릴 감) 坎(구덩이 감) 戡(칠 감) 疳(감질 감) 龕(감실 감)	減(덜 감) 監(볼 감) 堪(견딜 감) 嵌(산깊을 감) 柑(감자나무 감) 紺(감색 감)	感(느낄 감) 鑑(=鑒, 거울 감) 瞰(볼 감) 憾(서운할 감) 橄(감람나무 감) 邯(땅이름 감)
갑	甲(갑옷 갑) 岬(산허리 갑)	鉀(갑옷 갑) 胛(어깨 갑)	匣(갑 갑) 閘(수문 갑)
강	江(강 강) 強(=强, 굳셀 강) 鋼(=鎠, 강철 강) 堈(언덕 강) 橿(나무이름 강) 畺(지경 강) 絳(진홍색 강) 舡(배 강) 鱇(아귀 강) 玒(옥이름 강)	降(내릴 강) 康(편안할 강) 綱(벼리 강) 岡(=崗, 산등성이 강) 彊(굳셀 강) 疆(지경 강) 羌(종족이름 강) 薑(생강 강) 嫝(편안할 강)	講(익힐 강) 剛(굳셀 강) 杠(외나무다리 강) 羗(강할 강) 慷(강개할 강) 糠(겨 강) 腔(빈 속 강) 襁(=繈, 포대기 강) 跭(우뚝솟을 강)
개	改(고칠 개) 開(열 개) 槪(대개 개) 凱(즐길 개) 塏(높고건조할 개) 芥(겨자 개) 玠(큰홀 개)	皆(다 개) 介(끼일 개) 蓋(=盖, 덮을 개) 愷(즐거울 개) 愾(성낼 개) 豈(어찌 개)	個(=箇, 낱 개) 慨(분개할 개) 价(착할 개) 漑(물댈 개) 疥(옴 개) 鎧(갑옷 개)

부자 이름, 명품 이름

한글	인명용 한자		
객	客(손 객)	喀(토할 객)	
갱	更(다시 갱) 羹(국 갱)	坑(구덩이 갱)	粳(메벼 갱)
갹	醵(술추렴할 갹)		
거	去(갈 거) 車(수레 거) 拒(막을 거) 遽(갑자기 거) 倨(거만할 거) 踞(웅크릴 거)	巨(클 거) 擧(들 거) 據(의거할 거) 鉅(클 거) 据(일할 거) 鋸(톱 거)	居(있을 거) 距(떨어질 거) 渠(도랑 거) 炬(횃불 거) 祛(떨어없앨 거)
건	建(=建, 세울 건) 健(튼튼할 건) 楗(문빗장 건) 腱(힘줄 건)	乾(=漧, 하늘 건) 巾(수건 건) 鍵(열쇠 건) 蹇(절 건)	件(사건 건) 虔(정성 건) 愆(허물 건) 騫(이리저리 건)
걸	傑(=杰, 뛰어날 걸)	乞(빌 걸)	桀(홰 걸)
검	儉(검소할 검) 瞼(눈꺼풀 검)	劍(=劒, 칼 검) 鈐(비녀장 검)	檢(검사할 검) 黔(검을 검)
겁	劫(위협할 겁)	怯(겁낼 겁)	迲(갈 겁)
게	憩(쉴 게)	揭(들 게)	偈(쉴 게)
격	格(바로잡을 격) 隔(사이뜰 격) 覡(박수 격)	擊(부딪칠 격) 檄(격문 격)	激(과격할 격) 膈(흉격 격)
견	犬(개 견) 肩(어깨 견) 牽(끌 견) 繭(고치 견)	見(볼 견) 絹(명주 견) 鵑(두견 견) 譴(꾸짖을 견)	堅(굳을 견) 遣(보낼 견) 甄(질그릇 견)

한글	인명용 한자		
결	決(터질 결) 缺(이지러질 결)	結(맺을 결) 訣(이별할 결)	潔(=潔, 깨끗할 결) 抉(도려낼 결)
겸	兼(겸할 겸) 慊(찐덥지않을 겸) 嗛(겸손할 겸)	謙(겸손할 겸) 箝(재갈먹일 겸) 槏(문설주 겸)	鎌(낫 겸) 鉗(칼 겸)
경	京(=京, 서울 경) 經(경서 경) 敬(공경할 경) 競(겨룰 경) 鏡(거울 경) 硬(군을 경) 卿(=卿, 벼슬 경) 坰(들 경) 更(고칠 경) 璟(옥이광채날 경) 檠(=橄, 도지개 경) 莖(줄기 경) 熲(빛날 경) 熲(불꽃오를 경) 磬(경쇠 경) 勁(군셀 경) 瓊(=瓊, 옥빛 경)	景(=暻, 볕 경) 庚(일곱째천간 경) 驚(놀랄 경) 竟(다할 경) 頃(잠깐 경) 警(경계할 경) 倞(군셀 경) 耿(빛날 경) 梗(대개 경) 瓊(옥 경) 儆(경계할 경) 勍(군셀 경) 冏(=囧, 빛날 경) 璥(경옥 경) 絅(끌어쥘 경) 鶊(꾀꼬리 경) 逕(찰 경)	輕(가벼울 경) 耕(밭갈 경) 慶(경사 경) 境(지경 경) 傾(기울 경) 徑(=俓, 지름길 경) 鯨(고래 경) 炅(빛날 경) 憬(깨달을 경) 擎(들 경) 涇(통할 경) 逕(소로 경) 勍(셀 경) 痙(경련할 경) 脛(정강이 경) 冂(멀 경) 憼(공경할 경)
계	癸(열째천간 계) 計(꾀 계) 系(이을 계) 械(형틀 계) 桂(계수나무 계)	季(끝 계) 溪(시내 계) 係(걸릴 계) 繼(이을 계) 啓(열 계)	界(=堺, 지경 계) 鷄(닭 계) 戒(경계할 계) 契(맺을 계) 階(섬돌 계)

한글	인명용 한자		
계	烓(화덕 계) 悸(두근거릴 계) 繋(맬 계)	誡(경계할 계) 棨(창 계) 谿(=磎, 시내 계)	屆(이를 계) 稽(머무를 계)
고	古(옛 고) 苦(쓸 고) 告(알릴 고) 庫(곳집 고) 稿(볏집 고) 敲(두드릴 고) 呱(울 고) 槁(마를 고) 睾(못 고) 膏(살찔 고) 蠱(독 고) 賈(장사 고) 雇(품살 고)	故(옛 고) 考(=攷, 상고할 고) 枯(마를 고) 孤(외로울 고) 顧(돌아볼 고) 皐(=皋, 언덕 고) 尻(꽁무니 고) 沽(팔 고) 羔(새끼양 고) 菰(줄 고) 袴(바지 고) 辜(허물 고) 杲(밝을 고)	固(굳을 고) 高(높을 고) 姑(시어미 고) 鼓(북 고) 叩(두드릴 고) 刳(휠 고) 拷(칠 고) 痼(고질 고) 股(넓적다리 고) 藁(향초 고) 誥(고할 고) 錮(땜질할 고) 藁(짚 고)
곡	谷(골 곡) 哭(울 곡) 鵠(고니 곡)	曲(굽을 곡) 斛(10말들이휘 곡)	穀(곡식 곡) 梏(쇠고랑 곡)
곤	困(괴로울 곤) 崑(산이름 곤) 梱(문지방 곤) 袞(=衮, 곤룡포 곤)	坤(땅 곤) 琨(옥돌 곤) 棍(몽둥이 곤) 鯤(곤이 곤)	昆(맏 곤) 錕(붉은쇠 곤) 滾(흐를 곤)
골	骨(뼈 골)	汨(빠질 골)	滑(어지러울 골)
공	工(장인 공) 共(함께 공) 供(이바지할 공)	功(공로 공) 公(공변될 공) 恭(공손할 공)	空(빌 공) 孔(구멍 공) 攻(칠 공)

한글	인명용 한자		
공	恐(두려울 공) 控(당길 공) 鞏(묶을 공)	貢(바칠 공) 拱(두손맞잡을 공)	珙(큰옥 공) 蚣(지네 공)
곶	串(곶 곶)		
과	果(과실 과) 過(지날 과) 誇(자랑할 과) 跨(타넘을 과)	課(매길 과) 戈(창 과) 寡(적을 과) 鍋(노구솥 과)	科(과정 과) 瓜(오이 과) 菓(과실 과) 顆(낱알 과)
곽	郭(성곽 곽) 藿(콩잎 곽)	廓(둘레 곽)	槨(덧널 곽)
관	官(벼슬 관) 館(=舘, 객사 관) 慣(버릇 관) 款(정성 관) 灌(물댈 관) 串(익힐 관) 菅(골풀 관)	觀(볼 관) 管(피리 관) 寬(=寛, 너그러울 관) 琯(옥피리 관) 瓘(옥이름 관) 棺(널 관)	關(빗장 관) 貫(꿸 관) 冠(갓 관) 錧(비녀장 관) 梡(도마 관) 罐(두레박 관)
괄	括(묶을 괄) 适(빠를 괄)	刮(깎을 괄)	恝(걱정없을 괄)
광	光(=灮·炛, 빛 광) 侊(성한모양 광) 桄(광랑나무 광) 壙(광 광) 胱(오줌통 광)	廣(=広, 넓을 광) 洸(용솟음쳐빛날 광) 匡(바로잡을 광) 狂(미칠 광)	鑛(쇳돌 광) 珖(옥피리 광) 曠(밝을 광) 筐(광주리 광)
괘	掛(걸 괘)	卦(걸 괘)	罫(줄 괘)
괴	塊(흙덩이 괴)	愧(부끄러워할 괴)	怪(기이할 괴)

한글	인명용 한자		
괴	壞(무너질 괴) 拐(속일 괴)	乖(어그러질 괴) 槐(홰나무 괴)	傀(클 괴) 魁(으뜸 괴)
굉	宏(클 굉) 轟(울릴 굉)	紘(갓끈 굉)	肱(팔뚝 굉)
교	交(사귈 교) 敎(=教, 가르칠 교) 巧(공교할 교) 喬(높을 교) 咬(새소리 교) 狡(교활할 교) 翹(뛰어날 교) 轎(가마 교) 鮫(상어 교) 嗷(부르짖을 교)	校(학교 교) 郊(성밖 교) 矯(바로잡을 교) 嬌(아리따울 교) 嶠(산쭈뼛할 교) 皎(달빛 교) 蕎(메밀 교) 餃(경단 교) 姣(예쁠 교) 憍(교만할 교)	橋(다리 교) 較(견줄 교) 僑(높을 교) 膠(아교 교) 攪(어지러울 교) 絞(목맬 교) 蛟(교룡 교) 驕(교만할 교) 佼(예쁠 교)
구	九(아홉 구) 救(건질 구) 句(글귀 구) 俱(함께 구) 鷗(갈매기 구) 狗(개 구) 龜(땅이름 구) 玖(옥돌 구) 銶(끌 구) 鳩(비둘기 구) 枸(호깨나무 구) 咎(허물 구) 寇(도둑 구)	口(입 구) 究(궁구할 구) 舊(예 구) 區(지경 구) 苟(진실로 구) 丘(=坵, 언덕 구) 構(얽을 구) 矩(곱자 구) 溝(도랑 구) 軀(몸 구) 仇(원수 구) 嘔(노래할 구) 嶇(험할 구)	求(구할 구) 久(오랠 구) 具(갖출 구) 驅(몰 구) 拘(잡을 구) 懼(두려워할 구) 球(공 구) 邱(땅이름 구) 購(살 구) 耈(=耇, 늙을 구) 勾(굽을 구) 垢(때 구) 柩(널 구)

한글	인명용 한자		
구	廏(=厩, 마구간 구) 毬(공 구) 絿(급박할 구) 衢(네거리 구) 鉤(갈고리 구) 颶(구풍 구)	嘔(토할 구) 灸(뜸 구) 臼(절구 구) 謳(노래할 구) 駒(망아지 구) 龜(거북 구)	毆(때릴 구) 瞿(볼 구) 舅(시아비 구) 逑(짝 구) 玽(옥돌 구)
국	國(=国, 나라 국) 鞠(공 국) 菊(대뿌리 국)	菊(국화 국) 鞫(국문할 국)	局(판 국) 麴(누룩 국)
군	君(임금 군) 群(무리 군)	郡(고을 군) 窘(막힐 군)	軍(군사 군) 裙(치마 군)
굴	屈(굽을 굴) 掘(팔 굴)	窟(굴 굴)	堀(굴 굴)
궁	弓(활 궁) 躬(몸 궁)	宮(집 궁) 穹(하늘 궁)	窮(다할 궁) 芎(궁궁이 궁)
권	卷(책 권) 券(문서 권) 眷(돌아볼 권) 港(물돌아흐를 권)	權(=権, 권세 권) 拳(주먹 권) 倦(게으를 권)	勸(권할 권) 圈(우리 권) 捲(걷을 권)
궐	厥(그 궐) 蕨(고사리 궐)	闕(대궐 궐) 蹶(넘어질 궐)	獗(날뛸 궐)
궤	軌(길 궤) 潰(무너질 궤)	机(책상 궤) 詭(속일 궤)	櫃(함 궤) 饋(먹일 궤)
귀	貴(귀할 귀) 句(구절 귀) 龜(=龜, 거북 귀)	歸(돌아갈 귀) 晷(그림자 귀)	鬼(귀신 귀) 鐀(삽 귀)

한글	인명용 한자		
규	叫(부르짖을 규) 圭(서옥 규) 逵(한길 규) 槻(물푸레나무 규) 糾(=糺, 살필 규) 頍(가는허리 규) 珪(서옥 규)	規(법 규) 奎(별이름 규) 窺(엿볼 규) 硅(규소 규) 赳(용맹스러울 규) 湀(물이솟아흐를 규)	閨(안방 규) 揆(헤아릴 규) 葵(해바라기 규) 竅(구멍 규) 邽(고을이름 규)
균	均(고를 균) 鈞(무게단위 균) 龜(=龜, 터질 균)	菌(버섯 균) 勻(=匀, 적을 균)	畇(밭 일굴 균) 筠(대나무 균)
귤	橘(귤나무 귤)		
극	極(다할 극) 剋(이길 극) 棘(가시나무 극)	克(이길 극) 隙(틈 극)	劇(심할 극) 戟(창 극)
근	近(가까울 근) 斤(도끼 근) 漌(맑을 근) 瑾(아름다운옥 근) 劤(힘 근) 菫(제비꽃 근)	勤(부지런할 근) 僅(겨우 근) 墐(파묻을 근) 嫤(고울 근) 懃(은근할 근) 覲(뵐 근)	根(뿌리 근) 謹(삼갈 근) 槿(무궁화나무 근) 筋(힘줄 근) 芹(미나리 근) 饉(흉년들 근)
글	契(부족이름 글)		
금	金(쇠 금) 錦(비단 금) 衾(이불 금) 妗(외숙모 금) 芩(풀이름 금)	今(이제 금) 禽(날짐승 금) 襟(옷깃 금) 擒(사로잡을 금) 衿(옷깃 금)	禁(금할 금) 琴(거문고 금) 昑(밝을 금) 檎(능금나무 금)

한글	인명용 한자		
급	及(미칠 급) 級(등급 급) 扱(미칠 급)	給(넉넉할 급) 汲(길을 급)	急(급할 급) 伋(속일 급)
긍	肯(긍정할 긍) 矜(불쌍히여길 긍)	亘(=互, 뻗칠 긍)	兢(삼갈 긍)
기	己(몸 기) 其(그 기) 氣(기운 기) 旣(이미 기) 旗(깃발 기) 騎(말탈 기) 棄(버릴 기) 畿(경기 기) 機(틀 기) 璂(피변꾸미개 기) 錤(호미 기) 玘(패옥 기) 崎(험할 기) 錡(솥 기) 汽(증기 기) 耆(늙은이 기) 譏(나무랄 기) 嗜(즐길 기) 夔(조심할 기) 畸(불구 기) 羈(굴레 기) 饑(주릴 기)	記(기록할 기) 期(기약할 기) 技(재주 기) 紀(벼리 기) 欺(속일 기) 寄(부칠 기) 祈(빌 기) 飢(주릴 기) 淇(강이름 기) 棋(=碁, 바둑 기) 騏(털총이 기) 杞(나무이름 기) 琦(옥이름 기) 箕(키 기) 沂(물이름 기) 璣(=璂, 구슬 기) 冀(바랄 기) 暣(볕기운 기) 妓(기생 기) 祁(성할 기) 禨(갈 기) 稘(일주년 기)	起(일어날 기) 基(터 기) 幾(기미 기) 忌(꺼릴 기) 奇(기이할 기) 豈(어찌 기) 企(꾀할 기) 器(그릇 기) 琪(옥 기) 祺(복 기) 麒(기린 기) 埼(갑 기) 綺(비단 기) 岐(갈림길 기) 圻(경기 기) 磯(물가 기) 驥(천리마 기) 伎(재주 기) 朞(돌 기) 祇(토지의신 기) 肌(살 기) 榿(오리나무 기)

한글	인명용 한자		
긴	緊(긴요할 긴)		
길	吉(길할 길) 姞(성 길)	佶(건장할 길) 拮(일할 길)	桔(도라지 길)
김	金(성 김)		
끽	喫(마실 끽)		
나	那(어찌 나) 娜(아리따울 나) 喇(나팔 나) 旎(깃발날릴 나) 挪(옮길 나) 絮(많을 나)	奈(어찌 나) 拏(붙잡을 나) 懦(나약할 나) 胗(성길 나) 梛(나무이름 나)	柰(어찌 나) 儺(역귀쫓을 나) 拿(붙잡을 나) 挈(붙잡을 나) 糯(찰벼 나)
낙	諾(대답할 낙)		
난	暖(따뜻할 난)	難(어려울 난)	煖(따뜻할 난)
날	捺(누를 날)	捏(이길 날)	
남	南(남녘 남) 湳(강이름 남)	男(사내 남) 枏(녹나무 남)	楠(녹나무 남)
납	納(바칠 납)	衲(기울 납)	
낭	娘(아가씨 낭)	囊(주머니 낭)	
내	內(안 내) 耐(견딜 내)	乃(곧 내) 柰(어찌 내)	奈(어찌 내)
녀	女(계집 녀)		
년	年(=秊, 해 년)	撚(비틀 년)	
념	念(생각할 념) 捻(비틀 념)	恬(편안할 념)	拈(집을 념)

한글	인명용 한자		
녕	寧(=寗, 편안할 녕)	獰(모질 녕)	佞(아첨할 녕)
노	怒(성낼 노) 弩(쇠뇌 노)	奴(종 노) 瑙(마노 노)	努(힘쓸 노) 駑(둔할 노)
농	農(농사 농)	濃(짙을 농)	膿(고름 농)
뇨	尿(오줌 뇨)	鬧(시끄러울 뇨)	撓(어지러울 뇨)
눈	嫩(어릴 눈)		
눌	訥(말더듬을 눌)		
뇌	腦(뇌 뇌)	惱(괴로워할 뇌)	
뉴	紐(끈 뉴)	鈕(섞일 뉴)	杻(감탕나무 뉴)
능	能(능할 능)		
니	泥(진흙 니) 濔(많을 니)	尼(중 니) 膩(기름질 니)	柅(무성할 니) 馜(진한향기 니)
닉	匿(숨을 닉)	溺(빠질 닉)	
다	多(=夛, 많을 다) 茤(깊을 다)	茶(차 다) 荼(차나무 다)	爹(아버지 다) 夛(마름 다)
단	丹(붉을 단) 短(짧을 단) 段(구분 단) 斷(끊을 단) 鍛(쇠불릴 단) 湍(여울 단) 袒(옷벗어멜 단) 旦(밝을 단)	但(다만 단) 端(바를 단) 壇(단 단) 團(둥글 단) 亶(믿음 단) 簞(대광주리 단) 鄲(나라이름 단)	單(홑 단) 旦(아침 단) 檀(박달나무 단) 緞(비단 단) 彖(단 단) 蛋(새알 단) 煓(불꽃성할 단)

한글	인명용 한자		
달	達(통달할 달) 獺(수달 달)	撻(매질할 달) 疸(황달 달)	澾(미끄러울 달)
담	談(말씀 담) 擔(멜 담) 澹(담박할 담) 坍(무너질 담) 湛(즐길 담) 聃(귓바퀴없을 담)	淡(묽을 담) 譚(이야기 담) 覃(미칠 담) 憺(편안할 담) 痰(가래 담) 錟(창 담)	潭(깊을 담) 膽(쓸개 담) 啖(먹을 담) 曇(흐릴 담) 蕁(지모 담) 倓(고요할 담)
답	答(대답할 답) 畓(유창할 답)	畓(논 답) 遝(뒤섞일 답)	踏(밟을 답)
당	堂(집 당) 糖(사탕 당) 鐺(쇠사슬 당) 戇(어리석을 당)	當(당할 당) 黨(무리 당) 撞(칠 당) 棠(해당화 당)	唐(당나라 당) 塘(못 당) 幢(깃발 당) 螳(사마귀 당)
대	大(큰 대) 對(대답할 대) 貸(빌릴 대) 玳(대모 대) 擡(=抬, 대들 대) 黛(눈썹먹 대)	代(대신할 대) 帶(띠 대) 隊(무리 대) 袋(자루 대) 昊(햇빛 대)	待(기다릴 대) 臺(=坮, 대 대) 垈(터 대) 戴(머리에일 대) 岱(대산 대)
댁	宅(집 댁)		
덕	德(=悳·惪, 덕 덕)		
도	刀(칼 도) 道(길 도) 都(도읍 도) 挑(휠 도)	到(이를 도) 島(=嶋, 섬 도) 圖(그림 도) 桃(복숭아나무 도)	度(법도 도) 徒(무리 도) 倒(넘어질 도) 跳(뛸 도)

한글	인명용 한자		
도	逃(달아날 도) 途(길 도) 盜(훔칠 도) 棹(노 도) 禱(빌 도) 屠(잡을 도) 搗(찧을 도) 淘(물에일 도) 覩(볼 도) 馟(향기로울 도)	渡(건널 도) 稻(벼 도) 堵(담 도) 濤(큰물결 도) 鍍(도금할 도) 悼(슬퍼할 도) 櫂(노 도) 睹(볼 도) 賭(걸 도)	陶(질그릇 도) 導(이끌 도) 塗(진흙 도) 燾(비출 도) 蹈(밟을 도) 掉(흔들 도) 滔(물넘칠 도) 萄(포도 도) 韜(감출 도)
독	讀(읽을 독) 督(살펴볼 독) 牘(편지 독) 纛(둑 독)	獨(홀로 독) 篤(도타울 독) 犢(송아지 독)	毒(독 독) 瀆(도랑 독) 禿(대머리 독)
돈	豚(돼지 돈) 惇(도타울 돈) 頓(조아릴 돈) 焞(성할 돈)	敦(도타울 돈) 暾(아침해 돈) 旽(밝을 돈)	墩(대 돈) 燉(이글거릴 돈) 沌(어두울 돈)
돌	突(갑자기 돌)	乭(이름 돌)	
동	同(=仝, 한가지 동) 冬(겨울 동) 銅(구리 동) 棟(용마루 동) 垌(항아리 동) 憧(그리워할 동) 朣(달뜰 동)	洞(골짜기 동) 東(동녘 동) 桐(오동나무 동) 董(바로잡을 동) 瞳(눈동자 동) 疼(아플 동) 曈(동틀 동)	童(아이 동) 動(움직일 동) 凍(얼 동) 潼(강이름 동) 蝀(무지개 동) 胴(큰창자 동) 彤(붉을 동)

한글	인명용 한자		
동	烔(더운기운 동)	橦(나무이름 동)	
두	斗(말 두) 杜(막을 두) 痘(천연두 두) 讀(구절 두)	豆(콩 두) 枓(주두 두) 竇(구멍 두) 逗(머무를 두)	頭(머리 두) 兜(투구 두) 荳(콩 두) 阧(치솟을 두)
둔	鈍(무딜 둔) 臀(볼기 둔)	屯(진칠 둔) 芚(채소이름 둔)	遁(달아날 둔) 遯(달아날 둔)
둘	乧(음역자 둘)		
득	得(얻을 득)		
등	等(가지런할 등) 藤(등나무 등) 鄧(나라이름 등)	登(오를 등) 謄(베낄 등) 嶝(고개 등)	燈(등잔 등) 騰(오를 등) 橙(등자나무 등)
라	羅(벌릴 라) 懶(게으를 라) 裸(벌거벗을 라) 覶(자세할 라)	螺(소라 라) 癩(약물중독 라) 邏(순행할 라) 摞(정돈할 라)	喇(나팔 라) 蘿(무 라) 剆(칠 라) 蓏(열매 라)
락	落(떨어질 락) 絡(헌솜 락) 烙(지질 락)	樂(즐길 락) 珞(구슬목걸이 락) 駱(낙타 락)	洛(강이름 락) 酪(진한유즙 락)
란	卵(알 란) 欄(난간 란) 瓓(옥광채 란) 鸞(난새 란)	亂(어지러울 란) 爛(문드러질 란) 丹(붉을 란)	蘭(난초 란) 瀾(물결 란) 欒(나무이름 란)
랄	剌(어그러질 랄)	辣(매울 랄)	
람	覽(볼 람) 嵐(산기운 람)	藍(쪽 람) 攬(=擥·擥, 가질 람)	濫(퍼질 람) 欖(감람나무 람)

한글	인명용 한자		
람	籃(바구니 람) 婪(탐할 람)	纜(닻줄 람) 婒(예쁠 람)	襤(누더기 람) 濫(넘칠 람)
랍	拉(끌어갈 랍)	臘(납향 랍)	蠟(밀랍 랍)
랑	浪(물결 랑) 廊(복도 랑) 狼(이리 랑)	郞(=郎, 사내 랑) 琅(옥이름 랑) 螂(=蜋, 사마귀 랑)	朗(밝을 랑) 瑯(고을이름 랑) 烺(빛밝을 랑)
래	來(=来·逨, 올 래) 徠(올 래)	崍(산이름 래)	萊(명아주 래)
랭	冷(찰 랭)		
략	略(다스릴 략)	掠(노략질할 략)	
량	良(어질 량) 涼(=凉, 서늘할 량) 諒(믿을 량) 樑(들보 량) 良(어질 량)	兩(두 량) 梁(들보 량) 亮(밝을 량) 粱(기장 량) 兩(두 량)	量(헤아릴 량) 糧(=粮, 양식 량) 倆(재주 량) 輛(수레 량) 量(헤아릴 량)
려	旅(군사 려) 勵(힘쓸 려)	麗(고울 려) 呂(음률 려)	慮(생각할 려) 侶(짝 려)
려	閭(마을 려) 廬(오두막집 려) 濾(거를 려) 蠣(굴 려)	黎(검을 려) 戾(어그러질 려) 礪(거친숫돌 려) 驢(나귀 려)	儷(짝 려) 欄(종려나무 려) 藜(나라이름 려) 驪(가라말 려)
력	力(힘 력) 瀝(거를 력) 靂(벼락 력)	歷(지낼 력) 礫(조약돌 력)	曆(책력 력) 轢(삐걱거릴 력)
련	連(잇닿을 련) 憐(불쌍히여길 련)	練(익힐 련) 聯(잇달 련)	鍊(불릴 련) 戀(사모할 련)

한글	인명용 한자
련	蓮(연꽃 련)　　煉(불릴 련)　　璉(호련 련) 攣(걸릴 련)　　漣(물놀이 련)　　輦(손수레 련) 變(예쁠 련)　　臠(이을 련)
렬	列(벌일 렬)　　烈(세찰 렬)　　裂(찢을 렬) 劣(못할 렬)　　洌(맑을 렬)　　冽(찰 렬)
렴	廉(청렴할 렴)　　濂(엷을 렴)　　簾(주렴 렴) 斂(거둘 렴)　　殮(염할 렴)
렵	獵(사냥 렵)
령	令(명령할 령)　　領(옷깃 령)　　嶺(재 령) 零(떨어질 령)　　靈(신령 령)　　伶(영리할 령) 玲(옥소리 령)　　姈(슬기로울 령)　　昤(날빛영롱할 령) 鈴(방울 령)　　齡(나이 령)　　怜(영리할 령) 囹(감옥 령)　　岺(=岑, 고개 령)　　笭(작은대바구니 령) 羚(영양 령)　　聆(들을 령)　　逞(굳셀 령) 泠(서늘할 령)　　澪(깨우칠 령)
례	例(법식 례)　　禮(=礼, 예도 례)　　澧(강이름 례) 醴(단술 례)　　隷(종 례)
로	路(길 로)　　露(이슬 로)　　老(늙은이 로) 勞(일할 로)　　爐(화로 로)　　魯(둔할 로) 盧(밥그릇 로)　　鷺(해오라기 로)　　撈(잡을 로) 擄(사로잡을 로)　　櫓(방패 로)　　潞(강이름 로) 瀘(강이름 로)　　蘆(갈대 로)　　輅(수레 로) 虜(=虜, 사로잡을 로)　　鹵(소금 로)　　壚(옷을 로) 璐(아름다운옥 로)
록	綠(초록빛 록)　　祿(복 록)　　錄(기록할 록) 鹿(사슴 록)　　彔(나무깎을 록)　　碌(돌모양 록)

한글	인명용 한자		
록	菉(조개풀 록)	麓(산기슭 록)	
론	論(말할 론)		
롱	弄(희롱할 롱) 籠(대그릇 롱) 聾(귀머거리 롱)	瀧(비올 롱) 壟(언덕 롱)	瓏(옥소리 롱) 朧(흐릿할 롱)
뢰	雷(우레 뢰) 儡(꼭두각시 뢰) 賂(뇌물줄 뢰)	賴(=頼, 힘입을 뢰) 牢(우리 뢰) 賚(줄 뢰)	瀨(여울 뢰) 磊(돌무더기 뢰)
료	料(헤아릴 료) 遼(멀 료) 燎(화톳불 료) 聊(즐거워할 료)	了(마칠 료) 寮(벼슬아치 료) 療(병고칠 료) 蓼(여뀌 료)	僚(동료 료) 廖(공허할 료) 瞭(밝을 료)
룡	龍(竜, 용 룡)		
루	屢(창 루) 淚(눈물 루) 婁(별이름 루) 蔞(쑥 루) 陋(좁을 루)	樓(다락 루) 漏(샐 루) 瘻(부스럼 루) 褸(남루할 루) 慺(정성스러울 루)	累(묶을 루) 壘(성채 루) 縷(실 루) 鏤(새길 루) 嶁(봉우리 루)
류	柳(버들 류) 類(무리 류) 硫(유황 류) 榴(석류나무 류) 謬(그릇될 류)	留(머무를 류) 劉(성 류) 瘤(혹 류) 溜(방울져떨어질 류)	流(흐를 류) 琉(=瑠, 유리 류) 旒(깃발 류) 瀏(맑을 류)
륙	六(여섯 륙)	陸(뭍 륙)	戮(죽일 륙)
륜	倫(인륜 륜) 崙(=崘, 산이름 륜)	輪(바퀴 륜) 綸(낚싯줄 륜)	侖(둥글 륜) 淪(물놀이 륜)

한글	인명용 한자		
륜	錀(금 륜)		
률	律(법 률) 慄(두려워할 률)	栗(밤나무 률) 崜(가파를 률)	率(헤아릴 률)
륭	隆(높을 륭)		
륵	勒(굴레 륵)	肋(갈비 륵)	
름	凜(=凛, 찰 름)	廩(곳집 름)	
릉	陵(큰언덕 릉) 稜(모날 릉)	綾(비단 릉) 凌(능가할 릉)	菱(마름 릉) 楞(=楞, 네모질 릉)
리	里(마을 리) 梨(배나무 리) 離(=离, 떠날 리) 俚(속될 리) 璃(유리 리) 唎(가는소리 리) 狸(삵괭이 리) 罹(근심 리) 浬(물소리 리)	理(다스릴 리) 李(오얏 리) 裏(=裡, 속 리) 莉(말리 리) 悧(=俐, 영리할 리) 浬(해리 리) 痢(설사 리) 贏(여윌 리) 釐(바를 리)	利(이로울 리) 吏(벼슬아치 리) 履(밟을 리) 摛(퍼질 리) 氂(=厘, 다스릴 리) 犂(=犁, 밭갈 리) 籬(울타리 리) 鯉(잉어 리)
린	鄰(=隣, 이웃 린) 麟(=驎, 기린 린) 藺(골풀 린) 撛(구원할 린)	潾(맑을 린) 吝(아낄 린) 躙(짓밟을 린) 鏻(굳셀 린)	璘(옥빛 린) 燐(도깨비불 린) 鱗(비늘 린) 獜(튼튼할 린)
림	林(수풀 림) 琳(아름다운옥 림) 碄(깊을 림)	臨(임할 림) 淋(물뿌릴 림) 琳(알고자할 림)	霖(장마 림) 琳(무성할 림)
립	立(설 립) 砬(돌소리 립)	笠(삿갓 립)	粒(알 립)

한글	인명용 한자		
마	馬(말 마) 瑪(마노 마) 碼(마노 마)	麻(삼 마) 摩(갈 마) 魔(마귀 마)	磨(갈 마) 痲(저릴 마) 媽(어미 마)
막	莫(없을 막) 寞(쓸쓸할 막)	幕(막 막) 膜(막 막)	漠(사막 막) 邈(멀 막)
만	萬(=万, 일만 만) 慢(게으를 만) 曼(끌 만) 卍(만자 만) 彎(굽을 만) 瞞(속일 만) 鰻(뱀장어 만)	晚(저물 만) 漫(질펀할 만) 蔓(덩굴 만) 娩(해산할 만) 挽(당길 만) 輓(끌 만)	滿(찰 만) 蠻(오랑캐 만) 鏋(금 만) 巒(뫼 만) 灣(물굽이 만) 饅(만두 만)
말	末(끝 말) 抹(바를 말) 靺(버선 말)	茉(말리 말) 沫(거품 말)	秣(끝 말) 襪(버선 말)
망	亡(망할 망) 望(=朢, 바랄 망) 罔(그물 망) 莽(=莾, 우거질 망)	忙(바쁠 망) 茫(아득할 망) 網(그물 망) 輞(바퀴테 망)	忘(잊을 망) 妄(망령될 망) 芒(까끄라기 망) 邙(산이름 망)
매	每(매양 매) 妹(누이 매) 媒(중매 매) 枚(줄기 매) 邁(갈 매)	買(살 매) 梅(매화나무 매) 寐(잠잘 매) 煤(그을음 매) 魅(도깨비 매)	賣(팔 매) 埋(묻을 매) 昧(새벽 매) 罵(욕할 매) 苺(딸기 매)
맥	麥(보리 맥) 陌(밭둑길 맥)	脈(맥 맥) 驀(말탈 맥)	貊(북방종족 맥)

부자 이름, 명품 이름

한글	인명용 한자		
맹	孟(맏 맹) 盲(소경 맹)	猛(사나울 맹) 萌(싹 맹)	盟(맹세할 맹) 氓(백성 맹)
멱	冪(덮을 멱)	覓(찾을 멱)	
면	免(면할 면) 眠(잠잘 면) 棉(목화 면) 緬(가는실 면)	勉(힘쓸 면) 綿(이어질 면) 沔(물흐를 면) 麪(=麵, 밀가루 면)	面(낯 면) 冕(면류관 면) 眄(애꾸눈 면)
멸	滅(멸망할 멸)	蔑(업신여길 멸)	
명	名(이름 명) 鳴(울 명) 溟(어두울 명) 皿(그릇 명) 蓂(명협풀 명) 㝠(너그러울 명) 鵬(초명새 명)	命(목숨 명) 銘(새길 명) 瞑(어두울 명) 眳(눈감을 명) 螟(마디충 명) 洺(물이름 명)	明(밝을 명) 冥(어두울 명) 椧(홈통 명) 茗(차싹 명) 酩(술취할 명) 朙(밝을 명)
메	袂(소매 메)		
모	母(어미 모) 某(아무개 모) 矛(창 모) 慕(그리워할 모) 牟(보리 모) 姆(여스승 모) 牡(수컷 모) 耗(줄 모) 橅(법 모)	毛(털 모) 謀(꾀할 모) 貌(얼굴 모) 冒(무릅쓸 모) 謨(꾀 모) 帽(모자 모) 瑁(서옥 모) 芼(풀우거질 모)	暮(저물 모) 模(법 모) 募(모을 모) 摸(찾을 모) 侮(업신여길 모) 摹(베낄 모) 眸(눈동자 모) 茅(띠 모)
목	木(나무 목)	目(눈 목)	牧(칠 목)

한글	인명용 한자		
목	沐(머리감을 목) 鶩(집오리 목)	睦(화목할 목)	穆(화목할 목)
몰	沒(가라앉을 몰)	歿(죽을 몰)	
몽	夢(꿈 몽)	蒙(입을 몽)	朦(풍부할 몽)
묘	卯(토끼 묘) 廟(사당 묘) 錨(닻 묘) 昴(별자리이름 묘)	妙(=玅, 묘할 묘) 墓(무덤 묘) 畝(이랑 묘) 渺(아득할 묘)	苗(모 묘) 描(그릴 묘) 杳(어두울 묘) 猫(고양이 묘)
무	戊(다섯째천간 무) 務(일 무) 貿(바꿀 무) 珷(옥돌 무) 懋(힘쓸 무) 楙(무성할 무) 蕪(거칠어질 무) 橅(법 무)	茂(우거질 무) 無(=无, 없을 무) 霧(안개 무) 畝(이랑 무) 巫(무당 무) 毋(말 무) 誣(무고할 무)	武(군셀 무) 舞(춤출 무) 拇(엄지손가락 무) 撫(어루만질 무) 憮(어루만질 무) 繆(얽을 무) 鵡(앵무새 무)
묵	墨(먹 묵)	默(묵묵할 묵)	
문	門(문 문) 文(글월 문) 紋(무늬 문) 吻(입술 문) 雯(구름무늬 문)	問(물을 문) 汶(더럽힐 문) 們(들 문) 紊(어지러울 문) 抆(닦을 문)	聞(들을 문) 炆(따뜻할 문) 刎(목벨 문) 蚊(모기 문)
물	勿(말 물)	物(만물 물)	沕(아득할 물)
미	米(쌀 미) 美(아름다울 미) 微(작을 미)	未(아닐 미) 尾(꼬리 미) 眉(눈썹 미)	味(맛 미) 迷(미혹할 미) 渼(물놀이 미)

부자 이름, 명품 이름

한글	인명용 한자		
미	薇(고비 미) 媄(빛고울 미) 梶(나무끝 미) 謎(수수께끼 미) 躾(예절가르칠 미) 嬍(착하고아름다울 미) 侎(어루만질 미)	彌(=弥, 두루 미) 媚(아첨할 미) 楣(문미 미) 靡(쓰러질 미) 瀰(많을 미) 娓(장황할 미) 瑂(옥돌 미)	嵄(깊은산 미) 嵋(산이름 미) 湄(물가 미) 黴(곰팡이 미) 媺(빛날 미) 洣(강이름 미)
민	民(백성 민) 玟(옥돌 민) 閔(위문할 민) 岷(산이름 민) 敃(힘쓸 민) 潣(물졸졸흘러내릴 민) 悶(번민할 민) 鈱(돈꿰미 민) 盿(볼 민)	敏(재빠를 민) 旻(하늘 민) 珉(=瑉·砇·碈, 옥돌 민) 忞(=忟, 힘쓸 민) 愍(근심할 민) 頣(강할 민) 緡(낚싯줄 민) 脗(꼭맞을문 민)	憫(근심할 민) 旼(화락할 민) 暋(총명할 민) 暋(굳셀 민) 泯(망할 민) 顝(강할 민) 閩(종족이름 민)
밀	密(빽빽할 밀)	蜜(꿀 밀)	謐(고요할 밀)
박	泊(머무를 박) 朴(순박할 박) 珀(호박 박) 鉑(금박 박) 樸(통나무 박) 縛(묶을 박) 駁(얼룩말 박)	拍(칠 박) 博(넓을 박) 撲(칠 박) 舶(큰배 박) 箔(발 박) 膊(포 박)	迫(닥칠 박) 薄(엷을 박) 璞(옥돌 박) 剝(벗길 박) 粕(지게미 박) 雹(우박 박)
반	反(되돌릴 반) 般(돌 반) 返(돌아올 반)	飯(밥 반) 盤(소반 반) 叛(배반할 반)	半(반 반) 班(나눌 반) 伴(짝 반)

한글	인명용 한자		
반	畔(물가 반) 磐(너럭바위 반) 攀(더위잡을 반) 泮(학교 반) 磻(강이름 반) 蟠(서릴 반)	頒(나눌 반) 拌(버릴 반) 斑(얼룩 반) 瘢(흉터 반) 礬(명반 반) 斒(얼룩 반)	潘(쌀뜨물 반) 搬(옮길 반) 槃(쟁반 반) 盼(눈예쁠 반) 絆(줄 반)
발	發(쏠 발) 潑(뿌릴 발) 勃(우쩍일어날 발) 醱(술괼 발)	拔(뺄 발) 鉢(바리때 발) 撥(다스릴 발) 魃(가물귀신 발)	髮(터럭 발) 渤(바다이름 발) 跋(밟을 발)
방	方(모 방) 放(놓을 방) 傍(곁 방) 邦(나라 방) 昉(마침 방) 尨(삽살개 방) 枋(다목 방) 磅(돌떨어지는소리 방) 舫(배 방) 謗(헐뜯을 방)	房(방 방) 訪(찾을 방) 妨(방해할 방) 坊(동네 방) 龐(클 방) 幇(=幫, 도울 방) 滂(비퍼부을 방) 肪(기름 방) 蒡(인동덩굴 방)	防(막을 방) 芳(꽃다울 방) 倣(본뜰 방) 彷(거닐 방) 榜(매 방) 旁(두루 방) 紡(실뽑을 방) 膀(쌍배 방) 蚌(방합 방)
배	拜(절 배) 培(북돋을 배) 輩(무리 배) 裵(裴, 성 배) 徘(노닐 배) 褙(속적삼 배)	杯(=盃, 잔 배) 配(아내 배) 背(등 배) 湃(물결이는모양 배) 焙(불에쬘 배) 賠(물어줄 배)	倍(곱 배) 排(밀칠 배) 陪(쌓아올릴 배) 俳(광대 배) 胚(아이밸 배) 北(달아날 배)
백	白(흰 백)	百(일백 백)	伯(맏 백)

한글	인명용 한자		
백	柏(=栢, 나무이름 백) 魄(넋 백)	佰(일백 백) 苩(성씨 백)	帛(비단 백)
번	番(차례 번) 飜(=翻, 펄럭일 번) 樊(울타리 번) 藩(덮을 번)	煩(괴로워할 번) 蕃(우거질 번) 燔(구울 번)	繁(많을 번) 幡(깃발 번) 磻(강이름 번)
벌	伐(칠 벌) 筏(뗏목 벌)	罰(형벌 벌)	閥(공훈 벌)
범	凡(무릇 범) 汎(뜰 범) 氾(넘칠 범) 泛(뜰 범)	犯(범할 범) 帆(돛 범) 范(풀이름 범) 釩(떨칠 범)	範(법 범) 机(수부나무 범) 梵(범어 범) 渢(풍류소리 범)
법	法(법 법)	琺(법랑 법)	
벽	壁(벽 벽) 闢(열 벽) 擘(엄지손가락 벽) 霹(벼락 벽)	碧(푸를 벽) 僻(후미질 벽) 檗(=蘗, 황벽나무 벽) 辟(임금 벽)	璧(둥근옥 벽) 劈(쪼갤 벽) 癖(버릇 벽)
변	變(변할 변) 邊(가 변) 便(문득 변)	辯(말잘할 변) 卞(조급할 변) 釆(분별할 변)	辨(분별할 변) 弁(고깔 변)
별	別(나눌 별) 鼈(=鱉, 자라 별) 莂(모종낼 별)	瞥(언뜻볼 별) 襒(옷털 별)	鷩(금계 별) 馚(향기날 별)
병	丙(남녘 병) 竝(=並, 아우를 병) 倂(아우를 병)	病(병 병) 屛(병풍 병) 甁(병 병)	兵(군사 병) 幷(=并, 함께 병) □(=鉼, 가마솥 병)

한글	인명용 한자
병	輧(가벼운수레 병)　炳(밝을 병)　柄(=棟, 자루 병) 昺(=昞, 밝을 병)　秉(잡을 병)　抦(잡을 병) 餠(떡 병)　騈(나란히할 병)
보	保(지킬 보)　步(=歩, 보걸음 보)　報(갚을 보) 普(널리 보)　譜(족보 보)　補(도울 보) 寶(=宝·珤·琣, 보배 보)　堡(작은성 보) 甫(클 보)　輔(도울 보)　菩(보리 보) 潽(끓을 보)　洑(보 보)　湺(보 보) 褓(포대기 보)　俌(도울 보)　玾(옥그릇 보)
복	福(복 복)　伏(엎드릴 복)　服(옷 복) 復(돌아올 복)　腹(배 복)　複(겹칠 복) 卜(점 복)　馥(향기 복)　鍑(솥 복) 僕(종 복)　匐(길 복)　宓(성 복) 茯(복령 복)　蔔(무 복)　覆(뒤집힐 복) 輹(복토 복)　輻(바큇살 복)　鰒(전복 복)
본	本(근본 본)
볼	乶(음역자 볼)
봉	奉(받들 봉)　逢(만날 봉)　峯(=峰, 봉우리 봉) 蜂(벌 봉)　封(봉할 봉)　鳳(봉황새 봉) 俸(녹 봉)　捧(받들 봉)　琫(칼집장식 봉) 烽(봉화 봉)　棒(몽둥이 봉)　蓬(쑥 봉) 鋒(칼끝 봉)　熢(연기자욱할 봉)　縫(꿰맬 봉) 漨(=浲, 내이름 봉)
부	夫(지아비 부)　扶(도울 부)　父(아비 부) 富(넉넉할 부)　部(거느릴 부)　婦(며느리 부) 否(아닐 부)　浮(뜰 부)　付(줄 부)

한글	인명용 한자		
부	符(부신 부) 腐(썩을 부) 簿(장부 부) 賦(구실 부) 傅(스승 부) 復(다시 부) 剖(쪼갤 부) 孵(알을깔 부) 腑(장부 부) 訃(부고 부) 釜(가마 부) 鳧(오리 부)	附(붙을 부) 負(질 부) 膚(살갗 부) 孚(미쁠 부) 溥(넓을 부) 不(아닐 부) 咐(분부할 부) 斧(도끼 부) 艀(작은배 부) 賻(부의 부) 阜(언덕 부)	府(마을 부) 副(버금 부) 赴(나아갈 부) 芙(연꽃 부) 敷(펼 부) 俯(구부릴 부) 埠(선창 부) 缶(장군 부) 莩(풀이름 부) 趺(책상다리할 부) 駙(부마 부)
북	北(북녘 북)		
분	分(나눌 분) 奔(달릴 분) 奮(떨칠 분) 盆(동이 분) 忿(성낼 분) 焚(불사를 분) 雰(안개 분)	紛(어지러워질 분) 墳(무덤 분) 汾(클 분) 吩(뿜을 분) 扮(꾸밀 분) 糞(똥 분)	粉(가루 분) 憤(성낼 분) 芬(향기로울 분) 噴(뿜을 분) 盼(햇빛 분) 賁(클 분)
불	不(아닐 불) 拂(떨 불)	佛(부처 불) 彿(비슷할 불)	弗(아닐 불)
붕	朋(벗 붕) 棚(시렁 붕)	崩(무너질 붕) 硼(붕산 붕)	鵬(대붕새 붕) 繃(묶을 붕)
비	比(견줄 비) 飛(날 비) 批(칠 비)	非(아닐 비) 鼻(코 비) 卑(낮을 비)	悲(슬플 비) 備(갖출 비) 婢(여자종 비)

한글	인명용 한자		
비	碑(돌기둥 비) 祕(=秘, 숨길 비) 枇(비파나무 비) 譬(비유할 비) 匪(아닐 비) 榧(비자나무 비) 沸(끓을 비) 砒(비상 비) 緋(붉은빛 비) 臂(팔 비) 裨(도울 비) 棐(비자나무 비)	妃(왕비 비) 費(쓸 비) 琵(비파 비) 丕(클 비) 憊(고달플 비) 悲(삼갈 비) 泌(샘물졸졸흐를 비) 秕(쭉정이 비) 翡(물총새 비) 菲(엷을 비) 誹(헐뜯을 비) 庀(다스릴 비)	肥(살찔 비) 庇(덮을 비) 扉(문짝 비) 匕(비수 비) 斐(오락가락할 비) 毗(=毘, 도울 비) 痺(암메추라기 비) 粃(쭉정이 비) 脾(지라 비) 蜚(바퀴 비) 鄙(인색할 비) 棐(클 비)
빈	貧(가난할 빈) 彬(=份, 빛날 빈) 嬪(아내 빈) 璸(구슬이름 빈) 檳(빈랑나무 빈) 瀕(물가 빈) 繽(성할 빈) 贇(예쁠 빈)	賓(손 빈) 斌(빛날 빈) 檳(빈랑나무 빈) 玭(구슬이름 빈) 殯(염할 빈) 牝(암컷 빈) 邠(나라이름 빈) 鑌(강철 빈)	頻(자주 빈) 濱(물가 빈) 儐(인도할 빈) 嚬(찡그릴 빈) 浜(물가 빈) 份(빛날 빈) 霦(옥광채 빈) 擯(물리칠 빈)
빙	氷(얼음 빙) 騁(달릴 빙)	聘(찾아갈 빙)	憑(기댈 빙)
사	四(넉 사) 仕(벼슬할 사) 使(시킬 사) 謝(사례할 사) 私(사사로울 사)	巳(뱀 사) 寺(절 사) 舍(집 사) 師(스승 사) 絲(실 사)	士(선비 사) 史(역사 사) 射(쏠 사) 死(죽을 사) 思(생각할 사)

한글	인명용 한자		
사	事(일 사) 蛇(뱀 사) 賜(줄 사) 社(토지의신 사) 査(조사할 사) 斯(이 사) 砂(모래 사) 娑(춤출 사) 嗣(이을 사) 些(적을 사) 簁(잘게부술 사) 梭(북 사) 獅(사자 사) 肆(방자할 사) 裟(가사 사) 麝(사향노루 사)	司(맡을 사) 捨(버릴 사) 斜(비낄 사) 沙(모래 사) 寫(베낄 사) 祀(제사 사) 糸(가는실 사) 徙(옮길 사) 赦(용서할 사) 伺(엿볼 사) 唆(부추길 사) 渣(찌끼 사) 祠(사당 사) 莎(향부자 사) 飼(먹일 사)	詞(말씀 사) 邪(간사할 사) 詐(속일 사) 似(같을 사) 辭(말 사) 泗(물이름 사) 紗(깁 사) 奢(사치할 사) 乍(잠깐 사) 俟(기다릴 사) 柶(수저 사) 瀉(쏟을 사) 篩(체 사) 蓑(도롱이 사) 駟(사마 사)
삭	削(깎을 삭) 索(동아줄 삭)	朔(초하루 삭) 爍(빛날 삭)	數(자주 삭) 鑠(녹일 삭)
산	山(뫼 산) 算(셀 산) 傘(우산 산) 疝(산증 산) 祘(셀 산)	産(낳을 산) 酸(초 산) 刪(깎을 산) 蒜(달래 산) 產(낳을 산)	散(흩어질 산) 珊(산호 산) 汕(오구 산) 霰(싸락눈 산)
살	殺(죽일 살) 撒(뿌릴 살)	薩(보살 살) 煞(죽일 살)	乷(음역자 살)
삼	三(석 삼) 蔘(인삼 삼)	森(나무빽빽할 삼) 杉(삼나무 삼)	參(석 삼) 衫(적삼 삼)

한글	인명용 한자		
삼	滲(스밀 삼)	芟(벨 삼)	
삽	插(=揷, 꽂을 삽) 颯(바람소리 삽)	澁(떫을 삽)	鍤(창 삽)
상	上(위 상) 賞(상줄 상) 霜(서리 상) 喪(죽을 상) 詳(자세할 상) 象(코끼리 상) 償(갚을 상) 湘(강이름 상) 爽(시원할 상) 峠(고개 상) 觴(잔 상) 慡(성품이밝을 상)	尙(오히려 상) 商(장사 상) 想(생각할 상) 嘗(맛볼 상) 祥(상서로울 상) 像(형상 상) 狀(형상 상) 箱(상자 상) 塽(높고밝은땅 상) 廂(행랑 상) 樣(상수리 상) 潒(세찰 상)	常(항상 상) 相(서로 상) 傷(상처 상) 裳(치마 상) 牀(=床, 상 상) 桑(뽕나무 상) 庠(학교 상) 翔(높이날 상) 孀(과부 상) 橡(상수리나무 상) 牀(평상 상)
새	塞(변방 새)	璽(도장 새)	賽(굿할 새)
색	色(빛 색) 穡(거둘 색)	索(찾을 색) 塞(막힐 색)	嗇(아낄 색)
생	生(날 생) 省(덜 생)	牲(희생 생) 笙(생황 생)	甥(생질 생)
서	西(서녘 서) 署(관청 서) 庶(여러 서) 緖(실마리 서) 瑞(상서 서) 誓(맹세할 서) 墅(농막 서)	序(차례 서) 敍(=叙·敘, 차례 서) 恕(=忞, 용서할 서) 抒(풀 서) 曙(새벽 서) 壻(=婿, 사위 서) 嶼(=㠘, 섬 서)	書(쓸 서) 徐(천천히할 서) 暑(더울 서) 舒(펼 서) 棲(=栖·捿, 깃들일 서) 諝(=謂, 슬기 서) 犀(무소 서)

한글	인명용 한자		
서	筮(점대 서) 薯(참마 서) 黍(기장 서) 嬃(아름다울 서) 忞(느슨해질 서)	絮(솜 서) 逝(갈 서) 鼠(쥐 서) 慉(지혜 서) 湑(거를 서)	胥(=縃, 서로 서) 鋤(호미 서) 嶼(섬 서) 揟(고기잡을 서) 偦(재주있을 서)
석	石(돌 석) 惜(아낄 석) 釋(풀 석) 汐(조수 석) 祏(섬 석) 潟(개펄 석) 鼫(석서 석)	夕(저녁 석) 席(자리 석) 碩(클 석) 淅(일 석) 鉐(놋쇠 석) 蓆(자리 석)	昔(옛 석) 析(가를 석) 奭(클 석) 晳(=晰, 밝을 석) 錫(주석 석) 舃(신 석)
선	先(먼저 선) 鮮(고울 선) 選(가릴 선) 禪(봉선 선) 瑄(도리옥 선) 膳(=饍, 반찬 선) 璿(아름다운옥 선) 璇(아름다운옥 선) 嫙(예쁠 선) 煽(부칠 선) 蘚(이끼 선) 跣(맨발 선) 洒(엄숙할 선)	仙(신선 선) 善(착할 선) 宣(베풀 선) 扇(부채 선) 愃(쾌할 선) 繕(기울 선) 羨(부러워할 선) 銑(무쇠 선) 僊(춤출 선) 癬(옴 선) 蟬(매미 선) 鐥(좋은쇠 선)	線(줄 선) 船(배 선) 旋(돌 선) 渲(바림 선) 墡(백토 선) 琔(옥 선) 嬋(고울 선) 琁(옥돌 선) 譔(글잘쓸 선) 腺(샘 선) 詵(많을 선) 饍(반찬 선)
설	雪(눈 설) 舌(혀 설)	說(말씀 설) 卨(=禼, 사람이름 설)	設(베풀 설) 薛(성씨 설)

한글	인명용 한자		
설	楔(문설주 설) 洩(샐 설) 齧(물 설) 偰(맑을 설)	屑(가루 설) 渫(파낼 설) 契(사람이름 설)	泄(샐 설) 藝(더러울 설) 蔎(향풀 설)
섬	纖(가늘 섬) 剡(땅이름 섬) 閃(번쩍할 섬)	暹(해돋을 섬) 殲(다죽일 섬) 陝(고을이름 섬)	蟾(두꺼비 섬) 贍(넉넉할 섬)
섭	涉(건널 섭) 葉(땅이름 섭)	燮(불꽃 섭) 欆(삿자리 섭)	攝(잡을 섭) 紗(비단 섭)
성	姓(성 성) 城(=城, 성 성) 省(살필 성) 聲(소리 성) 娍(아름다울 성) 醒(깰 성) 筬(베틀 성) 胜(비릴 성)	性(성품 성) 誠(=誠, 정성 성) 星(별 성) 晟(=晠·晠, 밝을 성) 瑆(옥빛 성) 宬(서고 성) 腥(비릴 성)	成(=成, 이룰 성) 盛(=盛, 담을 성) 聖(성스러울 성) 珹(옥이름 성) 惺(영리할 성) 猩(성성이 성) 晟(재물 성)
세	世(세상 세) 細(가늘 세) 貰(세낼 세) 忕(익숙해질 세) 姻(조용할 세)	洗(씻을 세) 勢(기세 세) 笹(조릿대 세) 洒(씻을 세)	稅(세금 세) 歲(해 세) 說(달랠 세) 涗(잿물 세)
소	小(작을 소) 消(사라질 소) 召(부를 소) 騷(떠들 소) 掃(쓸 소)	少(적을 소) 素(흴 소) 昭(밝을 소) 燒(불태울 소) 疎(트일 소)	所(바 소) 笑(=咲, 웃을 소) 蘇(깨어날 소) 訴(하소연할 소) 蔬(푸성귀 소)

한글	인명용 한자		
소	沼(늪 소)	炤(밝을 소)	紹(이을 소)
	邵(고을이름 소)	韶(풍류이름 소)	巢(집 소)
	疏(=疎, 트일 소)	遡(=溯, 거슬러올라갈 소)	柖(나무흔들릴 소)
	嘯(휘파람불 소)	霄(=䨘, 하늘 소)	玿(아름다운옥 소)
	塑(토우 소)	宵(밤 소)	搔(긁을 소)
	梳(빗 소)	瀟(강이름 소)	瘙(종기 소)
	穌(=甦, 긁어모을 소)	篠(조릿대 소)	簫(퉁소 소)
	蕭(맑은대쑥 소)	逍(거닐 소)	銷(녹일 소)
	愫(정성 소)	邵(높을 소)	
속	俗(풍속 속)	速(빠를 속)	續(이을 속)
	束(묶을 속)	粟(조 속)	屬(엮을 속)
	涑(헹굴 속)	謖(일어날 속)	贖(속바칠 속)
손	孫(손자 손)	損(덜 손)	遜(겸손할 손)
	巽(손괘 손)	蓀(향풀이름 손)	飧(=飡, 저녁밥 손)
솔	率(거느릴 솔)	帥(거느릴 솔)	乺(솔 솔)
송	松(소나무 송)	送(보낼 송)	訟(송사할 송)
	頌(기릴 송)	誦(욀 송)	宋(송나라 송)
	淞(강이름 송)	悚(두려워할 송)	竦(삼갈 송)
쇄	刷(쓸 쇄)	鎖(=鏁, 쇠사슬 쇄)	殺(빠를 쇄)
	灑(뿌릴 쇄)	碎(부술 쇄)	
쇠	衰(쇠할 쇠)	釗(사람이름 쇠)	
수	水(물 수)	手(손 수)	受(받을 수)
	授(줄 수)	首(머리 수)	守(지킬 수)
	收(거둘 수)	誰(누구 수)	須(모름지기 수)
	雖(비록 수)	愁(시름 수)	樹(나무 수)
	壽(=寿, 목숨 수)	數(셀 수)	修(=脩, 닦을 수)

한글	인명용 한자		
수	秀(빼어날 수) 帥(장수 수) 輸(나를 수) 遂(이를 수) 銖(무게단위 수) 穗(=穗, 이삭 수) 髓(골수 수) 嗽(기침할 수) 戍(지킬 수) 狩(사냥 수) 豎(=竪, 세울 수) 羞(바칠 수) 蓚(수산 수) 邃(깊을 수) 隧(길 수) 璲(구슬 수) 睟(바로볼 수)	囚(가둘 수) 殊(다를 수) 獸(짐승 수) 洙(강이름 수) 垂(드리울 수) 繡(수놓을 수) 搜(찾을 수) 嫂(형수 수) 漱(양치질할 수) 璲(패옥 수) 綏(편안할 수) 茱(수유 수) 藪(늪 수) 酬(갚을 수) 鬚(수염 수) 鵐(솔개 수)	需(구할 수) 隨(따를 수) 睡(잘 수) 琇(옥돌 수) 粹(순수할 수) 隋(수나라 수) 袖(소매 수) 岫(=峀, 산굴 수) 燧(부싯돌 수) 瘦(파리할 수) 綏(인끈 수) 蒐(모을 수) 讎(=讐, 원수 수) 銹(녹슬 수) 睢(=濉, 물이름 수) 賥(재물 수)
숙	叔(아재비 숙) 孰(누구 숙) 塾(글방 숙) 橚(나무줄지어설 숙) 潚(빠를 숙)	淑(맑을 숙) 熟(익을 숙) 琡(옥이름 숙) 夙(일찍 숙) 菽(콩 숙)	宿(묵을 숙) 肅(엄숙할 숙) 璹(옥그릇 숙)
순	順(순할 순) 殉(따라죽을 순) 脣(입술 순) 洵(참으로 순) 筍(죽순 순) 焞(밝을 순)	純(순수할 순) 盾(방패 순) 瞬(눈깜짝일 순) 珣(옥이름 순) 舜(뛰어날 순) 諄(타이를 순)	旬(열흘 순) 循(돌 순) 巡(돌 순) 荀(풀이름 순) 淳(순박할 순) 錞(악기이름 순)

한글	인명용 한자		
순	醇(순후할 순) 栒(가름대나무 순) 蓴(순채 순) 馴(길들일 순)	徇(주창할 순) 楯(난간 순) 蕣(무궁화 순)	恂(정성 순) 橓(무궁화나무 순) 詢(물을 순)
술	戌(개 술) 鉥(돗바늘 술)	述(지을 술)	術(재주 술)
숭	崇(높을 숭)	嵩(높을 숭)	崧(우뚝솟을 숭)
슬	瑟(큰거문고 슬) 蝨(이 슬)	膝(무릎 슬)	璱(푸른구슬 슬)
습	習(익힐 습) 襲(엄습할 습)	拾(주울 습) 褶(주름 습)	濕(축축할 습)
승	乘(탈 승) 升(되 승) 丞(정승 승) 蠅(파리 승) 塍(밭두둑 승)	承(이을 승) 昇(오를 승) 陞(=阩, 오를 승) 塍(잉아 승)	勝(이길 승) 僧(중 승) 繩(줄 승) 丞(받들 승)
시	市(저자 시) 時(때 시) 施(베풀 시) 矢(화살 시) 恃(믿을 시) 媤(시집 시) 屍(주검 시) 翅(날개 시) 諡(시호 시) 偲(굳셀 시) 媞(복 시)	示(보일 시) 詩(시 시) 試(시험할 시) 侍(모실 시) 匙(숟가락 시) 尸(주검 시) 弑(죽일 시) 蒔(모종낼 시) 豕(돼지 시) 翤(날개칠 시) 枾(=柿·柹, 감나무 시)	是(옳을 시) 視(볼 시) 始(처음 시) 柴(섶 시) 嘶(울 시) 屎(똥 시) 猜(시기할 시) 蓍(시초 시) 豺(승냥이 시) 諰(이 시) 偲(책선할 시)

한글	인명용 한자
시	禔(복 시)
식	食(먹을 식)　　式(법 식)　　植(심을 식) 識(알 식)　　息(숨쉴 식)　　飾(꾸밀 식) 栻(점치는기구 식)　埴(찰흙 식)　　湜(물맑을 식) 軾(수레앞턱가로나무 식)　　　寔(이 식) 拭(닦을 식)　　熄(꺼질 식)　　簠(대밥통 식) 蝕(좀먹을 식)　　殖(번성할 식)
신	身(몸 신)　　申(원숭이 신)　　神(귀신 신) 臣(신하 신)　　信(믿을 신)　　辛(매울 신) 新(새 신)　　伸(펼 신)　　晨(새벽 신) 愼(삼갈 신)　　紳(큰띠 신)　　莘(긴모양 신) 薪(섶나무 신)　　迅(빠를 신)　　訊(물을 신) 侁(걷는모양 신)　　呻(끙끙거릴 신)　　娠(애밸 신) 宸(집 신)　　燼(깜부기불 신)　　腎(콩팥 신) 蓋(조개풀 신)　　蜃(무명조개 신)　　辰(날 신) 璶(옥돌 신)
실	失(잃을 실)　　室(집 실)　　實(=実, 열매 실) 悉(다 실)
심	心(마음 심)　　甚(심할 심)　　深(깊을 심) 尋(찾을 심)　　審(살필 심)　　沁(스며들 심) 沈(가라앉을 심)　　瀋(즙 심)　　芯(등심초 심) 諶(참 심)
십	十(열 십)　　什(열 사람 십)　　拾(열 십)
쌍	雙(双, 쌍 쌍)
씨	氏(성 씨)
아	兒(=児, 아이 아)　　我(나 아)　　牙(어금니 아)

한글	인명용 한자		
아	芽(싹 아) 阿(언덕 아) 峨(=峩, 높을 아) 俄(갑자기 아) 蛾(나방 아) 鵝(거위 아) 砑(갈 아) 哦(읊조릴 아)	雅(우아할 아) 餓(굶주릴 아) 衙(마을 아) 啞(병어리 아) 訝(맞을 아) 婀(=娿, 아리따울 아) 皒(흰빛 아)	亞(=亜, 버금 아) 娥(예쁠 아) 妸(여자의자 아) 莪(지칭개 아) 鴉(갈가마귀 아) 姆(동서 아) 硪(바위 아)
악	惡(악할 악) 堊(흰흙 악) 愕(놀랄 악) 鄂(땅이름 악) 鰐(악어 악)	岳(큰산 악) 嶽(큰산 악) 握(쥘 악) 鍔(칼날 악) 齷(악찰할 악)	樂(풍류 악) 幄(휘장 악) 渥(두터울 악) 顎(턱 악)
안	安(편안할 안) 眼(눈 안) 晏(늦을 안) 鮟(아귀 안) 赝(불빛 안)	案(=桉, 책상 안) 岸(언덕 안) 按(누를 안) 姲(종용할 안)	顔(얼굴 안) 雁(=鴈, 기러기 안) 鞍(안장 안) 婩(고울 안)
알	謁(뵐 알) 閼(가로막을 알)	斡(관리할 알)	軋(삐걱거릴 알)
암	暗(어두울 암) 菴(풀이름 암) 闇(어두울 암)	巖(岩, 바위 암) 唵(머금을 암)	庵(암자 암) 癌(암 암)
압	壓(누를 압) 狎(익숙할 압)	押(누를 압)	鴨(오리 압)
앙	仰(우러를 앙)	央(가운데 앙)	殃(재앙 앙)

한글	인명용 한자		
앙	昻(=昂, 오를 앙) 秧(모 앙)	鴦(원앙 앙)	怏(원망할 앙)
애	愛(사랑 애) 厓(언덕 애) 埃(티끌 애) 隘(좁을 애) 唉(물을 애)	哀(슬플 애) 崖(언덕 애) 曖(희미할 애) 靄(아지랑이 애) 烍(빛날 애)	涯(물가 애) 艾(쑥 애) 礙(=碍, 꺼리낄 애) 騃(사람이름 애)
액	厄(재앙 액) 扼(누를 액) 腋(겨드랑이 액)	額(이마 액) 掖(겨드랑이 액)	液(진 액) 縊(목맬 액)
앵	鶯(꾀꼬리 앵) 鸚(앵무새 앵)	櫻(앵두나무 앵)	罌(양병 앵)
야	也(어조사 야) 耶(어조사 야)	夜(밤 야) 冶(불릴 야)	野(=埜, 들 야) 倻(땅이름 야)
야	惹(이끌 야) 爺(아비 야)	揶(=挪, 희롱할 야) 若(반야 야)	椰(야자나무 야)
약	弱(약할 약) 藥(약 약) 蒻(부들 약)	若(같을 약) 躍(뛸 약)	約(약속할 약) 葯(구리때잎 약)
양	羊(양 양) 揚(=敭, 오를 양) 壤(흙 양) 襄(도울 양) 佯(거짓 양) 暘(해돋이 양) 痒(앓을 양)	洋(바다 양) 陽(=昜, 볕 양) 樣(모양 양) 孃(계집애 양) 恙(근심 양) 瀁(내이름 양) 瘍(종기 양)	養(기를 양) 讓(사양할 양) 楊(버들 양) 漾(출렁거릴 양) 攘(물리칠 양) 煬(쬘 양) 禳(제사이름 양)

한글	인명용 한자		
양	穰(풍족할 양)	釀(빚을 양)	椋(푸조나무 양)
어	魚(물고기 어) 語(말씀 어) 瘀(병 어) 齬(어긋날 어)	漁(고기잡을 어) 御(모실 어) 禦(막을 어) 唹(고요히웃을 어)	於(어조사 어) 圉(감옥 어) 馭(말 부릴 어)
억	億(억 억) 檍(감탕나무 억)	憶(생각할 억) 臆(가슴 억)	抑(누를 억)
언	言(말씀 언) 彦(=彥, 선비 언) 嫣(아리따울 언)	焉(어찌 언) 偃(쓰러질 언)	諺(상말 언) 堰(방죽 언)
얼	孼(서자 얼)	蘖(그루터기 얼)	糱(=蘖, 누룩 얼)
엄	嚴(=厳, 엄할 엄) 掩(가릴 엄) 龑(고명할 엄)	奄(가릴 엄) 儼(의젓할 엄)	俺(나 엄) 淹(담글 엄)
업	業(업 업)	嶫(높고험할 업)	
엔	円(화폐단위 엔)		
여	余(나 여) 汝(너 여) 輿(수레 여) 璵(돌이름 여) 轝(수레 여)	餘(남을 여) 與(줄 여) 歟(어조사 여) 艅(배이름 여) 妤(아름다울 여)	如(같을 여) 予(나 여) 璵(옥 여) 茹(먹을 여) 悆(잊을 여)
역	亦(또 역) 譯(통변할 역) 疫(염병 역) 繹(풀어낼 역)	易(바꿀 역) 驛(역참 역) 域(지경 역)	逆(거스를 역) 役(부릴 역) 睗(해반짝날 역)
연	然(그러할 연)	煙(烟, 연기 연)	硏(갈 연)

한글	인명용 한자
연	硯(=䃩, 벼루 연)　延(끌 연)　燃(탈 연) 燕(제비 연)　沿(따를 연)　鉛(납 연) 宴(잔치 연)　軟(=輭, 연할 연)　演(익힐 연) 緣(인연 연)　衍(넘칠 연)　淵(淵, 못 연) 妍(=姸, 고울 연)　娟(=姢, 예쁠 연)　涓(시내 연) 沇(강이름 연)　筵(대자리 연)　堧(옥돌 연) 妵(빛날 연)　嚥(삼킬 연)　壖(빈터 연) 捐(버릴 연)　挻(늘일 연)　椽(서까래 연) 涎(침 연)　縯(길 연)　鳶(솔개 연) 曣(청명할 연)　嬿(얌전할 연)　醼(잔치 연) 兗(=兖, 올바를 연)　嬿(아름다울 연)　瑌(옥돌 연) 莚(벋을 연, 풀이름 연, 대자리 연)
열	熱(더울 열)　悅(기쁠 열)　說(기꺼울 열) 閱(검열할 열)　咽(목멜 열)　澇(물흐를모양 열)
염	炎(불탈 염)　染(물들일 염)　鹽(소금 염) 琰(옥갈 염)　艶(=艷, 고울 염)　厭(싫을 염) 焰(불당길 염)　苒(풀우거질 염)　閻(마을 염) 髥(구레나룻 염)
엽	葉(잎 엽)　燁(빛날 엽)　曄(빛날 엽) 熀(불빛이글거릴 엽)
영	永(길 영)　英(꽃부리 영)　迎(맞이할 영) 榮(=栄·荣, 영화로울 영)　泳(헤엄칠 영) 詠(읊을 영)　營(경영할 영)　影(그림자 영) 映(=暎, 비출 영)　渶(물이름 영)　煐(빛날 영) 瑛(옥빛 영)　瑩(밝을 영)　盈(찰 영) 濚(=瀯, 물졸졸흐를 영)　楹(기둥 영) 鍈(방울소리 영)　嬰(갓난아이 영)　穎(이삭 영)

한글	인명용 한자		
영	瓔(구슬목걸이 영)	咏(읊을 영)	塋(무덤 영)
	嶸(가파를 영)	潁(강이름 영)	瀛(바다 영)
	纓(갓끈 영)	霙(진눈깨비 영)	贏(찰 영)
	濚(지킬 영)	蠑(영원 영)	朠(달빛 영)
예	藝(=埶·芸, 기예 예)	豫(미리 예)	譽(기릴 예)
	銳(날카로울 예)	預(미리 예)	芮(나라이름 예)
	叡(=睿·容·壡, 밝을 예)		乂(벨 예)
	倪(어린이 예)	刈(벨 예)	曳(끌 예)
	汭(물굽이 예)	濊(깊을 예)	猊(사자 예)
	穢(더러울 예)	裔(후손 예)	詣(이를 예)
	霓(무지개 예)	堄(성가퀴 예)	榮(드리워질 예)
	玴(옥돌 예)	嫕(유순할 예)	蓺(심을 예)
	蕊(=藥, 꽃술 예)	嫛(아름다울 예)	羿(사람이름 예)
	瘱(고요할 예)	艾(다스릴 예)	埶(재주 예)
오	五(다섯 오)	吾(나 오)	悟(깨달을 오)
	午(낮 오)	誤(그르칠 오)	烏(까마귀 오)
	汚(더러울 오)	嗚(탄식소리 오)	娛(즐거워할 오)
	梧(벽오동나무 오)	傲(거만할 오)	伍(대오 오)
	吳(나라이름 오)	旿(밝을 오)	珸(옥돌 오)
	晤(밝을 오)	奧(속 오)	俉(맞이할 오)
	塢(둑 오)	隩(물가 오)	寤(깰 오)
	惡(미워할 오)	懊(한할 오)	敖(놀 오)
	澳(깊을 오)	熬(볶을 오)	獒(개 오)
	筽(버들고리 오)	鼇(=鰲, 자라 오)	蜈(지네 오)
	浯(강이름 오)	燠(불 오)	
옥	玉(구슬 옥)	屋(집 옥)	獄(옥 옥)
	沃(기름질 옥)	鈺(보배 옥)	

한글	인명용 한자		
온	溫(따뜻할 온) 穩(=稳, 평온할 온) 蘊(쌓을 온)	瑥(사람이름 온) 瘟(염병 온) 昷(=溫, 어질 온)	媼(할미 온) 縕(헌솜 온) 榲(기온 온)
올	兀(우뚝할 올)		
옹	翁(늙은이 옹) 擁(안을 옹) 癰(등창 옹)	雍(누그러질 옹) 瓮(독 옹) 邕(화할 옹)	壅(막을 옹) 甕(독 옹) 饔(아침밥 옹)
와	瓦(기와 와) 窩(움집 와) 蛙(개구리 와)	臥(누울 와) 窪(웅덩이 와) 訛(그릇될 와)	渦(소용돌이 와) 蝸(달팽이 와)
완	完(완전할 완) 垸(바를 완) 琓(옥이름 완) 婠(품성좋을 완) 椀(주발 완) 脘(밥통 완) 阮(관이름 완) 岏(가파를 완)	緩(느릴 완) 浣(빨 완) 琬(홀 완) 宛(굽을 완) 碗(주발 완) 腕(팔 완) 頑(완고할 완) 鋺(주발 완)	玩(희롱할 완) 莞(왕골 완) 婉(순할 완) 梡(도마 완) 翫(가지고놀 완) 豌(완두 완) 妧(고울 완)
왈	曰(가로 왈)		
왕	王(임금 왕) 汪(넓을 왕)	往(갈 왕) 枉(굽을 왕)	旺(성할 왕)
왜	倭(왜나라 왜) 矮(키작을 왜)	娃(예쁠 왜)	歪(비뚤 왜)
외	外(밖 외) 巍(높을 외)	畏(두려워할 외) 猥(함부로 외)	嵬(높을 외)
요	要(구할 요)	腰(허리 요)	搖(흔들 요)

한글	인명용 한자		
요	遙(멀 요) 堯(요임금 요) 耀(빛날 요) 僥(바랄 요) 嶢(높을 요) 橈(꺾을 요) 窯(가마 요) 蟯(요충 요) 樂(좋아할 요)	謠(노래 요) 饒(넉넉할 요) 瑤(아름다운옥 요) 凹(오목할 요) 拗(꺾을 요) 燿(빛날 요) 繇(역사 요) 邀(맞을 요)	夭(어릴 요) 曜(빛날 요) 姚(예쁠 요) 妖(요망할 요) 擾(어지러울 요) 窈(그윽할 요) 繞(두를 요) 暚(밝을 요)
욕	欲(하고자할 욕) 辱(욕보일 욕)	浴(목욕할 욕) 縟(가늘 욕)	慾(욕심 욕) 褥(이부자리요 욕)
용	用(쓸 용) 庸(쓸 용) 瑢(패옥소리 용) 涌(=湧, 샘솟을 용) 鏞(종 용) 甬(길 용) 冗(=宂, 쓸데없을 용) 傛(혁혁할 용)	容(얼굴 용) 溶(녹을 용) 榕(뱅골보리수 용) 埇(길돋을 용) 茸(무성할 용) 俑(허수아비 용) 慂(권할 용) 槦(나무이름 용)	勇(날랠 용) 鎔(=熔, 녹일 용) 蓉(연꽃 용) 踊(뛸 용) 墉(담 용) 傭(품팔이 용) 聳(솟을 용)
우	于(어조사 우) 友(벗 우) 憂(근심할 우) 遇(만날 우) 愚(어리석을 우) 佑(도울 우) 瑀(패옥 우) 隅(모퉁이 우)	宇(집 우) 牛(소 우) 又(또 우) 羽(깃 우) 偶(짝 우) 祐(도울 우) 寓(머무를 우) 玗(옥돌 우)	右(오른쪽 우) 雨(=宇, 비 우) 尤(더욱 우) 郵(역참 우) 優(넉넉할 우) 禹(하우씨 우) 堣(땅이름 우) 釪(악기이름 우)

한글	인명용 한자		
우	迂(멀 우) 盂(바리 우) 芋(토란 우) 雩(기우제 우) 優(공경할 우) 邘(땅이름 우)	霂(젖을 우) 祐(복 우) 藕(연뿌리 우) 扜(당길 우) 燠(우로할 우) 俁(클 우)	肟(클 우) 紆(굽을 우) 虞(헤아릴 우) 圩(오목할 우) 俉(기쁠 우)
욱	旭(아침해 욱) 郁(성할 욱) 勖(힘쓸 욱) 稶(=稢, 서직무성할 욱)	昱(빛날 욱) 項(삼갈 욱) 栯(산앵두 욱)	煜(빛날 욱) 彧(무성할 욱) 燠(따뜻할 욱)
운	云(이를 운) 韻(운 운) 耘(김맬 운) 暈(무리 운) 煩(노란모양 운) 隕(떨어질 운)	雲(구름 운) 沄(소용돌이칠 운) 賱(넉넉할 운) 橒(나무무늬 운) 芸(향초이름 운) 篔(=簣, 왕대 운)	運(운전할 운) 澐(큰물결일 운) 夽(높을 운) 殞(죽을 운) 蕓(평지 운) 霣(떨어질 운)
울	蔚(고을이름 울) 菀(무성할 울)	鬱(답답할 울)	扝(땅이름 울)
웅	雄(수컷 웅)	熊(곰 웅)	
원	元(으뜸 원) 遠(멀 원) 圓(둥글 원) 援(도울 원) 垣(담 원) 瑗(도리옥 원) 愿(삼갈 원) 婉(예쁠 원)	原(근원 원) 園(동산 원) 員(=負, 수효 원) 院(집 원) 洹(강이름 원) 媛(미인 원) 苑(나라동산 원) 冤(=寃, 원통할 원)	願(바랄 원) 怨(원망할 원) 源(근원 원) 袁(옷이길 원) 沅(강이름 원) 嫄(미녀 원) 轅(끌채 원) 湲(물흐를 원)

한글	인명용 한자		
원	爰(이에 원) 鴛(원앙 원) 杬(나무이름 원)	猨(원숭이 원) 瑗(패옥띠 원) 錵(저울판 원)	阮(관이름 원) 朊(희미할 원) 笎(대무늬 원)
월	月(달 월)	越(넘을 월)	鉞(도끼 월)
위	位(자리 위) 偉(훌륭할 위) 謂(이를 위) 衛(지킬 위) 慰(위로할 위) 韋(무두질한가죽 위) 渭(강이름 위) 葦(갈대 위) 禕(아름다울 위)	危(위태할 위) 威(위엄 위) 圍(둘레 위) 違(어길 위) 僞(거짓 위) 瑋(옥이름 위) 魏(나라이름 위) 蔿(애기풀 위) 衞(지킬 위)	爲(할 위) 胃(밥통 위) 緯(씨줄 위) 委(맡길 위) 尉(벼슬 위) 暐(햇빛 위) 萎(마를 위) 蝟(고슴도치 위)
유	由(말미암을 유) 有(있을 유) 遊(놀 유) 幼(어릴 유) 維(맬 유) 裕(넉넉할 유) 悠(멀 유) 宥(용서할 유) 喩(깨우칠 유) 瑜(아름다운옥 유) 濡(=湮, 적실 유) 攸(바 유) 孺(젖먹이 유) 游(헤엄칠 유)	油(기름 유) 猶(오히려 유) 柔(부드러울 유) 幽(그윽할 유) 乳(젖 유) 誘(꾈 유) 侑(권할 유) 庾(곳집 유) 楡(느릅나무 유) 劉(교요할 유) 愉(즐거울 유) 瑈(옥돌 유) 揄(끌 유) 癒(병나을 유)	酉(닭 유) 唯(오직 유) 遺(끼칠 유) 惟(생각할 유) 儒(선비 유) 愈(나을 유) 洧(강이름 유) 兪(=俞, 대답할 유) 柚(유자나무 유) 猷(꾀할 유) 釉(곡식무성할 유) 釉(광택 유) 楡(느릅나무 유) 臾(잠깐 유)

한글	인명용 한자
유	萸(수유 유)　諛(아첨할 유)　諭(깨우칠 유) 踰(넘을 유)　蹂(밟을 유)　逾(넘을 유) 鍮(놋쇠 유)　曘(햇빛 유)　婑(아리따울 유) 囿(동산 유)　牖(들창 유)　逌(웃을 유) 姷(짝 유)
육	肉(고기 육)　育(기를 육)　堉(기름진땅 육) 毓(기를 육)
윤	閏(=閠·閨, 윤달 윤)　潤(젖을 윤)　尹(다스릴 윤) 允(진실로 윤)　玧(붉은구슬 윤)　鈗(병기 윤) 胤(=亂, 이을 윤)　阭(높을 윤)　贇(예쁠 윤) 奫(물깊고넓을 윤)　荺(연뿌리 윤)　昀(햇빛 윤)
율	聿(붓 율)　燏(빛날 율)　汩(흐를 율) 建(걸어가는모양 율)　潏(사주 율)
융	融(화할 융)　戎(오랑캐 융)　絨(융 융) 瀜(물이깊고넓은모양 융)
은	恩(은혜 은)　銀(은 은)　隱(숨길 은) 垠(끝 은)　殷(성할 은)　誾(=闇, 향기 은) 溵(강이름 은)　珢(옥돌 은)　憖(괴로워할 은) 濦(강이름 은)　㒚(기댈 은)　听(웃을 은) 㻴(옥 은)　圻(지경 은)　蒽(은총 은) 檼(대마루 은)　檃(바로잡을 은)　訢(화평할 은) 蒑(풀빛푸른 은)　泿(물가 은)　蒽(풀이름 은) 憖(억지로 은)
을	乙(새 을)　圪(흙더미우뚝할 을)
음	音(소리 음)　吟(읊을 음)　飮(마실 음) 陰(그늘 음)　淫(음란할 음)　蔭(그늘 음)

한글	인명용 한자		
음	愔(조용할 음)	馨(소리화할 음)	
읍	邑(고을 읍)	泣(울 읍)	揖(읍할 읍)
응	應(응할 응) 凝(엉길 응)	膺(가슴 응) 矈(볼 응)	鷹(매 응)
의	衣(옷 의) 議(의논할 의) 意(뜻 의) 疑(의심할 의) 毅(굳셀 의) 椅(의나무 의) 蟻(개미 의)	依(의지할 의) 矣(어조사 의) 宜(마땅할 의) 倚(의지할 의) 擬(헤아릴 의) 艤(배댈 의)	義(옳을 의) 醫(의원 의) 儀(거동 의) 誼(옳을 의) 懿(아름다울 의) 薏(율무 의)
이	二(두 이) 已(이미 이) 異(다를 이) 珥(귀걸이 이) 弛(늦출 이) 彛(=彜, 떳떳할 이) 痍(상처 이) 荑(벨 이) 飴(엿 이) 胰(힘줄이질길 이) 鷉(제비 이)	貳(두 이) 耳(귀 이) 移(옮길 이) 伊(저 이) 怡(기쁠 이) 頤(턱 이) 肄(익힐 이) 貽(끼칠 이) 嫛(기쁠 이) 媐(여자의자 이)	以(써 이) 而(말이을 이) 夷(오랑캐 이) 易(쉬울 이) 爾(너 이) 姨(이모 이) 苡(질경이 이) 邇(가까울 이) 栮(나무이름 이) 珆(옥돌 이)
익	益(더할 익) 瀷(강이름 익) 熤(빛날 익)	翼(날개 익) 謚(웃을 익)	翊(도울 익) 翌(다음날 익)
인	人(사람 인)	引(끌 인)	因(인할 인)

한글	인명용 한자		
인	仁(=忈·忎, 어질 인)	忍(참을 인)	認(인정할 인)
	寅(동방 인)	印(도장 인)	刃(칼날 인)
	姻(혼인 인)	咽(목구멍 인)	湮(잠길 인)
	絪(기운 인)	茵(자리 인)	蚓(지렁이 인)
	靭(靱, 질길 인)	靷(가슴걸이 인)	
인	鞇(=韗, 작은북 인)	芢(씨 인)	牣(찰 인)
	汈(젖어맞붙을 인)	璌(사람이름 인)	胂(등심 인)
	氤(기운어릴 인)	儿(어진사람 인)	諲(공경할 인)
일	一(한 일)	日(날 일)	壹(한 일)
	逸(逸, 편안할 일)	溢(넘칠 일)	鎰(중량 일)
	馹(역말 일)	佾(춤 일)	佚(편안할 일)
임	壬(아홉째천간 임)	任(맡길 임)	賃(품팔이 임)
	妊(=姙, 아이밸 임)	稔(곡식익을 임)	恁(생각할 임)
	荏(들깨 임)	託(생각할 임)	
입	入(들 입)	廿(=卄, 스물 입)	
잉	剩(남을 잉)	仍(인할 잉)	孕(아이밸 잉)
	芿(새풀싹 잉)		
자	子(아들 자)	字(글자 자)	自(스스로 자)
	者(사람 자)	姊(=姉, 손위누이 자)	玆(이 자)
	雌(암컷 자)	紫(자줏빛 자)	資(재물 자)
	姿(맵시 자)	恣(방자할 자)	刺(찌를 자)
	仔(자세할 자)	滋(불을 자)	磁(자석 자)
	藉(깔개 자)	瓷(사기그릇 자)	咨(물을 자)
	孜(힘쓸 자)	炙(고기구울 자)	煮(삶을 자)
	疵(흠 자)	茨(가시나무 자)	蔗(사탕수수 자)
	諮(물을 자)	耔(북을돋울 자)	慈(사랑할 자)

한글	인명용 한자		
작	作(지을 작) 爵(벼슬 작) 雀(참새 작) 嚼(씹을 작) 綽(너그러울 작)	昨(어제 작) 灼(구울 작) 鵲(까치 작) 斫(벨 작) 舄(신 석)	酌(따를 작) 芍(함박꽃 작) 勺(구기 작) 炸(터질 작)
잔	殘(해칠 잔) 潺(물흐르는소리 잔)	孱(잔약할 잔)	棧(잔도 잔) 盞(잔 잔)
잠	潛(=潜, 잠길 잠) 箴(바늘 잠)	蠶(누에 잠) 岑(봉우리 잠)	暫(잠시 잠) 簪(비녀 잠)
잡	雜(섞일 잡)		
장	長(길 장) 將(=将, 장차 장) 張(베풀 장) 裝(꾸밀 장) 葬(장사지낼 장) 藏(감출 장) 腸(창자 장) 奘(클 장) 璋(홀 장) 蔣(줄 장) 欌(장롱 장) 獐(노루 장) 醬(간장 장)	章(글 장) 壯(=壮, 씩씩할 장) 帳(휘장 장) 獎(=奬, 장려할 장) 粧(단장할 장) 臟(내장 장) 匠(장인 장) 漳(강이름 장) 暲(해돋을 장) 仗(무기 장) 漿(미음 장) 臧(착할 장)	場(마당 장) 丈(어른 장) 莊(=庄, 씩씩할 장) 墻(=牆, 담 장) 掌(손바닥 장) 障(가로막을 장) 杖(지팡이 장) 樟(녹나무 장) 薔(장미 장) 檣(돛대 장) 狀(형상 장) 贓(장물 장)
재	才(재주 재) 在(있을 재) 哉(어조사 재) 載(실을 재)	材(재목 재) 栽(심을 재) 災(재앙 재) 宰(재상 재)	財(재물 재) 再(두 재) 裁(마를 재) 梓(가래나무 재)

한글	인명용 한자		
재	縡(일 재) 滓(찌끼 재) 捚(손바닥에받을 재)	齋(재계할 재) 齎(가져올 재)	溨(맑을 재) 賳(재물 재)
쟁	爭(다툴 쟁) 諍(간할 쟁)	錚(쇳소리 쟁)	箏(쟁 쟁)
저	著(나타날 저) 底(바닥 저) 邸(집 저) 佇(우두커니 저) 姐(누이 저) 渚(물가 저) 疽(등창 저) 菹(채소절임 저) 躇(머뭇거릴 저) 齟(어긋날 저)	貯(쌓을 저) 抵(거스를 저) 楮(닥나무 저) 儲(쌓을 저) 杵(공이 저) 狙(원숭이 저) 箸(젓가락 저) 藷(사탕수수 저) 這(이 저)	低(밑 저) 苧(모시 저) 沮(막을 저) 咀(씹을 저) 樗(가죽나무 저) 猪(돼지 저) 紵(모시 저) 詛(저주할 저) 雎(물수리 저)
적	的(과녁 적) 敵(원수 적) 摘(딸 적) 賊(도둑 적) 積(쌓을 적) 勣(공적 적) 狄(오랑캐 적) 荻(물억새 적) 鏑(살촉 적)	赤(붉을 적) 笛(피리 적) 寂(고요할 적) 跡(자취 적) 績(길쌈할 적) 吊(이를 적) 炙(고기구울 적) 謫(꾸짖을 적)	適(갈 적) 滴(물방울 적) 籍(서적 적) 蹟(자취 적) 迪(나아갈 적) 嫡(정실 적) 翟(꿩 적) 迹(자취 적)
전	田(밭 전) 前(앞 전) 電(번개 전)	全(온전할 전) 展(펼 전) 錢(돈 전)	典(법 전) 戰(싸울 전) 傳(전할 전)

한글	인명용 한자		
전	專(오로지 전) 栓(나무못 전) 琠(귀막이 전) 殿(큰집 전) 雋(새살찔 전) 剪(가위 전) 悛(고칠 전) 煎(달일 전) 筌(통발 전) 篆(전자 전) 鈿(비녀 전) 餞(전별할 전)	轉(구를 전) 詮(설명할 전) 甸(경기 전) 奠(제사지낼 전) 顚(정수리 전) 塼(벽돌 전) 氈(담 전) 畑(화전 전) 箋(글 전) 纏(얽힐 전) 鐫(새길 전)	佺(신선이름 전) 銓(저울질할 전) 塡(메울 전) 葇(겨자무침 전) 佃(밭갈 전) 廛(가게 전) 澱(앙금 전) 癲(미칠 전) 箭(화살 전) 輾(구를 전) 顫(떨릴 전)
절	節(마디 절) 折(꺾을 절) 浙(강이름 절)	絕(=絶, 끊을 절) 晢(밝을 절) 癤(부스럼 절)	切(끊을 절) 截(끊을 절) 竊(훔칠 절)
점	店(가게 점) 點(=点·奌, 점 점) 霑(젖을 점)	占(차지할 점) 岾(땅이름 점) 鮎(메기 점)	漸(점점 점) 粘(끈끈할 점)
접	接(사귈 접)	蝶(나비 접)	摺(접을 접)
정	丁(고무래 정) 井(우물 정) 定(정할 정) 情(뜻 정) 庭(뜰 정) 廷(조정 정) 整(가지런할 정) 町(밭두둑 정)	停(머무를 정) 正(바를 정) 貞(곧을 정) 靜(=静, 고요할 정) 亭(정자 정) 程(단위 정) 汀(물가 정) 呈(드릴 정)	頂(정수리 정) 政(정사 정) 精(정할 정) 淨(깨끗할 정) 訂(바로잡을 정) 征(칠 정) 玎(옥소리 정) 桯(탁자 정)

한글	인명용 한자		
정	珵(옥이름 정) 湞(물이름 정) 禎(상서 정) 綎(띠술 정) 晸(해뜨는모양 정) 錠(제기이름 정) 靖(편안할 정) 妌(빛날 정) 涏(곧을 정) 旌(기 정) 睛(눈동자 정) 艇(작은배 정) 霆(천둥소리 정) 怔(두려워할 정) 胜(이름 정) 灯(등잔 정)	妊(단정할 정) 幀(그림족자 정) 珽(옥홀 정) 鼎(솥 정) 柾(나무바를 정) 鋌(쇳덩이 정) 靚(단장할 정) 淨(물괼 정) 頱(아름다울 정) 檉(능수버들 정) 碇(닻 정) 靗(조정할 정) 彰(조촐하게꾸밀 정) 姃(정숙할 정) 眐(바라볼 정) 靘(검푸른빛 정)	偵(정탐할 정) 楨(광나무 정) 挺(뺄 정) 晶(밝을 정) 淀(얕은물 정) 鄭(나라이름 정) 鋥(칼갈 정) 釘(못 정) 婷(예쁠 정) 瀞(맑을 정) 穽(함정 정) 酊(술취할 정) 埩(밭갈 정) 梃(막대기 정) 朾(칠 정) 鉦(징 정)
제	弟(아우 제) 帝(임금 제) 諸(모두 제) 堤(방죽 제) 齊(가지런할 제) 梯(사다리 제) 啼(울 제) 蹄(굽 제) 媞(안존할 제)	第(차례 제) 題(표제 제) 製(지을 제) 制(억제할 제) 濟(=済, 건널 제) 媞(옥이름 제) 臍(배꼽 제) 醍(맑은술 제) 儕(무리 제)	祭(제사 제) 除(덜 제) 提(끌 제) 際(사이 제) 悌(공경할 제) 劑(약지을 제) 薺(냉이 제) 霽(갤 제) 禔(복 제)
조	兆(조짐 조) 鳥(새 조) 助(도울 조)	早(일찍 조) 調(고를 조) 祖(조상 조)	造(만들 조) 朝(아침 조) 弔(조상할 조)

한글	인명용 한자		
조	燥(마를 조)	操(잡을 조)	照(비출 조)
	條(가지 조)	潮(조수 조)	租(세금 조)
	組(끈 조)	彫(새길 조)	措(둘 조)
	晁(아침 조)	窕(정숙할 조)	祚(복 조)
	趙(나라 조)	肇(칠 조)	詔(고할 조)
	釣(낚시 조)	曹(曺, 성씨 조)	遭(만날 조)
	眺(바라볼 조)	俎(도마 조)	凋(시들 조)
	嘲(비웃을 조)	棗(=枣, 대추나무 조)	爪(손톱 조)
	漕(배로실어나를 조)	稠(빽빽할 조)	璪(면류관드림옥 조)
	粗(거칠 조)	糟(지게미 조)	繰(야청통견 조)
	藻(말 조)	蚤(벼룩 조)	躁(성급할 조)
	阻(험할 조)	雕(새길 조)	昭(비출 조)
	槽(구유 조)		
족	足(발 족)	族(겨레 족)	簇(조릿대 족)
	鏃(살촉 족)		
존	存(있을 존)	尊(높을 존)	
졸	卒(군사 졸)	拙(졸할 졸)	猝(갑자기 졸)
종	宗(마루 종)	種(씨 종)	鐘(종 종)
	終(끝날 종)	從(좇을 종)	縱(늘어질 종)
	倧(신인 종)	琮(옥홀 종)	淙(물소리 종)
	椶(=棕, 종려나무 종)	悰(즐길 종)	綜(모을 종)
	瑽(패옥소리 종)	鍾(종 종)	慫(권할 종)
	腫(부스럼 종)	踪(=踪, 자취 종)	踵(발꿈치 종)
	柊(나무이름 종)		
좌	左(왼 좌)	坐(앉을 좌)	佐(도울 좌)
	座(자리 좌)	挫(꺾을 좌)	
죄	罪(허물 죄)		

한글	인명용 한자		
주	主(주인 주)	注(물댈 주)	住(살 주)
	朱(붉을 주)	宙(집 주)	走(달릴 주)
	酒(술 주)	晝(낮 주)	舟(배 주)
	周(두루 주)	株(그루 주)	州(고을 주)
	洲(섬 주)	柱(기둥 주)	胄(맏아들 주)
	奏(아뢸 주)	湊(모일 주)	炷(심지 주)
	註(주해 주)	珠(구슬 주)	鑄(부어만들 주)
	疇(밭두둑 주)	週(돌 주)	遒(=酒, 닥칠 주)
	駐(머무를 주)	姝(예쁠 주)	澍(단비 주)
	姝(예쁠 주)	侏(난쟁이 주)	做(지을 주)
	呪(빌 주)	嗾(부추길 주)	廚(부엌 주)
	籌(산가지 주)	紂(껑거리끈 주)	紬(명주 주)
	綢(얽힐 주)	蛛(거미 주)	誅(벨 주)
	躊(머뭇거릴 주)	輳(모일 주)	酎(진한술 주)
	燽(밝을 주)	鉒(쇳돌 주)	拄(떠받칠 주)
	賙(밝을 주)	邾(나라이름 주)	賙(귀 주)
	絑(붉을 주)	賍(재물 주)	
죽	竹(대 죽)	粥(죽 죽)	
준	準(=准, 평평할 준)	俊(준걸 준)	遵(좇을 준)
	峻(높을 준)	浚(깊을 준)	晙(밝을 준)
	埈(=陖, 가파를 준)	焌(태울 준)	竣(마칠 준)
	畯(농부 준)	駿(준마 준)	准(승인할 준)
	濬(睿, 깊을 준)	雋(영특할 준)	儁(준걸 준)
	埻(과녁 준)	隼(새매 준)	寯(준걸 준)
	樽(술통 준)	蠢(꿈틀거릴 준)	逡(물러갈 준)
	純(옷선 준)	葰(클 준)	僔(기뻐할 준)
	僔(모일 준)	睃(볼 준)	餕(대궁 준)
	迿(앞설 준)	惷(어수선할 준)	偆(준걸 준)

한글	인명용 한자		
줄	茁(풀처음나는모양 줄)		
중	中(가운데 중) 仲(버금 중)	重(무거울 중)	衆(무리 중)
즉	卽(=即, 곧 즉)		
즐	櫛(빗 즐)		
즙	汁(즙 즙)	楫(노 즙)	葺(기울 즙)
증	曾(일찍 증) 憎(미워할 증) 蒸(찔 증) 拯(건질 증)	增(더할 증) 贈(보낼 증) 烝(김오를 증) 繒(비단 증)	證(증거 증) 症(증세 증) 甑(시루 증)
지	只(다만 지) 止(그칠 지) 地(땅 지) 至(이를 지) 池(못 지) 遲(늦을 지) 址(터 지) 祗(공경할 지) 誌(새길 지) 枳(탱자나무 지) 肢(사지 지) 識(표할 지) 洔(섬 지) 駤(군셀 지)	支(지탱할 지) 之(갈 지) 指(손가락 지) 紙(종이 지) 誌(기록할 지) 旨(뜻 지) 祉(복 지) 芝(지초 지) 脂(기름 지) 漬(담글 지) 芷(구리때 지) 贄(폐백 지) 泜(붙을 지)	枝(가지 지) 知(=䛀, 알 지) 志(뜻 지) 持(가질 지) 智(=㦜, 지혜 지) 沚(물가 지) 趾(발 지) 摯(잡을 지) 咫(길이 지) 砥(숫돌 지) 蜘(거미 지) 厎(숫돌 지) 吱(가는소리 지)
직	直(곧을 직) 稙(일찍심은벼 직)	職(직책 직)	織(짤 직) 稷(기장 직)

한글	인명용 한자		
진	辰(별 진)	眞(=真, 참 진)	進(나아갈 진)
	盡(=尽, 다할 진)	振(떨칠 진)	鎭(진압할 진)
	陳(베풀 진)	陣(진칠 진)	珍(=鉁, 보배 진)
	晉(=晋, 나아갈 진)	瑨(=瑐, 아름다운돌 진)	瑱(귀막이옥 진)
	津(나루 진)	璡(옥돌 진)	秦(나라이름 진)
	輔(수레뒤턱나무 진)	震(진동할 진)	塵(티끌 진)
	禛(복받을 진)	診(볼 진)	縝(삼실 진)
	塡(오랠 진)	賑(구휼할 진)	溱(많을 진)
	抮(되돌릴 진)	唇(놀랄 진)	嗔(성낼 진)
	搢(꽂을 진)	桭(대청 진)	榛(개암나무 진)
	殄(다할 진)	畛(논두렁길 긴)	疹(홍역 진)
	瞋(부릅뜰 진)	縉(꽂을 진)	臻(이를 진)
	蓁(사철쑥 진)	袗(홑옷 진)	昣(밝을 진)
	蔯(우거질 진)	晨(밝을 진)	枃(바디 진)
	稹(빽빽할 진)	儘(다할 진)	槇(견고울 진)
질	質(바탕 질)	秩(차례 질)	疾(병 질)
	姪(조카 질)	瓆(사람이름 질)	侄(어리석을 질)
	叱(꾸짖을 질)	嫉(시기할 질)	帙(책 질)
	桎(차꼬 질)	窒(막을 질)	膣(질 질)
	蛭(거머리 질)	跌(넘어질 질)	迭(갈마들 질)
짐	斟(술따를 짐)	朕(나 짐)	
집	集(모일 집)	執(잡을 집)	什(세간 집)
	潗(=濈, 샘솟을 집)	楫(노 집)	輯(모을 집)
	鏶(판금 집)	緝(낳을 집)	
징	徵(부를 징)	懲(혼날 징)	澄(맑을 징)
차	且(또 차)	次(버금 차)	此(이 차)
	借(빌 차)	差(어긋날 차)	車(수레 차)

부자 이름, 명품 이름

한글	인명용 한자		
차	叉(깍지낄 차) 嗟(탄식할 차) 箚(찌를 차) 遮(막을 차) 姹(자랑할 차)	瑳(깨끗할 차) 嵯(우뚝솟을 차) 茶(차 차) 硨(조개이름 차)	侘(심심할 차) 磋(갈 차) 蹉(넘어질 차) 鶿(관대할 차)
착	着(붙을 착) 搾(짤 착) 齪(악착할 착)	錯(섞일 착) 窄(좁을 착)	捉(잡을 착) 鑿(뚫을 착)
찬	贊(=賛, 도울 찬) 簒(모을 찬) 燦(빛날 찬) 纘(이을 찬) 餐(먹을 찬) 巑(높이솟을 찬) 欑(모을 찬)	讚(=讃, 기릴 찬) 粲(정미 찬) 璨(빛날 찬) 鑽(끌 찬) 饌(반찬 찬) 價(=價, 모을 찬)	撰(지을 찬) 澯(맑을 찬) 瓚(제기 찬) 竄(숨을 찬) 攅(모일 찬) 簒(=簒, 빼앗을 찬)
찰	察(살필 찰) 擦(비빌 찰)	札(패 찰) 紮(감을 찰)	刹(절 찰)
참	參(간여할 참) 慙(=慚, 부끄러울 참) 斬(벨 참) 讖(참서 참)	慘(참혹할 참) 站(역마을 참) 懺(뉘우칠 참)	僭(참람할 참) 塹(구덩이 참) 讒(참소할 참)
창	昌(창성할 창) 倉(곳집 창) 滄(찰 창) 昶(밝을 창) 廠(헛간 창)	唱(노래 창) 創(비롯할 창) 暢(펼 창) 彰(밝을 창) 倡(광대 창)	窓(창 창) 蒼(푸를 창) 菖(창포 창) 敞(높을 창) 愴(슬퍼할 창)

한글	인명용 한자		
창	娼(몸파는여자 창) 猖(미쳐날뛸 창) 艙(선창 창)	槍(창 창) 瘡(부스럼 창)	漲(불을 창) 脹(배부를 창)
채	菜(나물 채) 債(빚 채) 寀(녹봉 채) 砦(울타리 채) 琗(구슬빛 채) 睬(주목할 채)	採(캘 채) 采(캘 채) 蔡(나라이름 채) 砦(울타리 채) 棌(참나무 채) 責(빚 채)	彩(무늬 채) 琗(영지 채) 綵(비단 채) 釵(비녀 채) 婇(여자이름 채)
책	責(꾸짖을 책) 柵(목책 책)	册(=冊, 책 책)	策(꾀 책)
처	妻(아내 처) 凄(쓸쓸할 처)	處(곳 처)	悽(슬퍼할 처)
척	尺(자 척) 戚(겨레 척) 倜(대범할 척) 慽(=慼, 근심할 척) 瘠(파리할 척) 隻(외짝 척)	斥(물리칠 척) 陟(오를 척) 刺(찌를 척) 擲(던질 척) 脊(등뼈 척)	拓(열 척) 墌(=坧, 기지 척) 剔(바를 척) 滌(씻을 척) 蹠(밟을 척)
천	千(일천 천) 泉(샘 천) 踐(밟을 천) 仟(일천 천) 擅(멋대로 천) 舛(어그러질 천) 韆(그네 천)	天(하늘 천) 淺(얕을 천) 遷(옮길 천) 阡(밭둑길 천) 玔(옥고리 천) 釧(팔찌 천) 茜(꼭두서니 천)	川(내 천) 賤(천할 천) 薦(천거할 천) 喘(헐떡거릴 천) 穿(뚫을 천) 闡(열 천)
철	鐵(=鉄, 쇠 철)	哲(=喆, 밝을 철)	徹(뚫을 철)

한글	인명용 한자		
철	澈(물맑을 철) 綴(꿰맬 철) 悊(밝을 철)	撤(거둘 철) 凸(볼록할 철) 瞮(눈밝을 철)	轍(바퀴자국 철) 輟(그칠 철)
첨	尖(뾰족할 첨) 瞻(볼 첨) 簽(서명할 첨) 諂(아첨할 첨)	添(더할 첨) 沾(더할 첨) 籤(제비 첨)	僉(다 첨) 甛(=甜, 달 첨) 詹(이를 첨)
첩	妾(첩 첩) 堞(성가퀴 첩) 睫(속눈썹 첩) 輒(문득 첩)	帖(문서 첩) 牒(편지 첩) 諜(염탐할 첩)	捷(이길 첩) 疊(겹쳐질 첩) 貼(붙을 첩)
청	靑(=青, 푸를 청) 請(=请, 청할 청) 菁(우거질 청)	淸(=清, 맑을 청) 聽(들을 청) 鯖(청어 청)	晴(=晴, 갤 청) 廳(관청 청)
체	體(몸 체) 諦(살필 체) 剃(머리깎을 체) 逮(잡을 체)	替(바꿀 체) 遞(갈마들 체) 涕(눈물 체) 諟(살필 체)	締(맺을 체) 切(온통 체) 滯(막힐 체)
초	初(처음 초) 肖(닮을 초) 礎(주춧돌 초) 蕉(파초 초) 哨(망볼 초) 椒(산초나무 초) 礁(암초 초) 苕(능소화 초) 醋(초 초)	草(艸, 풀 초) 超(넘을 초) 樵(땔나무 초) 楚(초나라 초) 憔(수척할 초) 炒(볶을 초) 秒(초 초) 貂(담비 초) 醮(초례 초)	招(부를 초) 抄(베낄 초) 焦(그을릴 초) 剿(끊을 초) 梢(나무끝 초) 硝(초석 초) 稍(점점 초) 酢(초 초) 岧(산높을 초)

한글	인명용 한자		
초	鈔(좋은쇠 초)	俏(닮을 초)	
촉	促(재촉할 촉) 囑(부탁할 촉)	燭(촛불 촉) 矗(우거질 촉)	觸(닿을 촉) 蜀(나라이름 촉)
촌	寸(마디 촌)	村(=邨, 마을 촌)	忖(헤아릴 촌)
총	銃(총 총) 寵(사랑할 총) 悤(바쁠 총) 蔥(파 총)	總(=総, 거느릴 총) 叢(모일 총) 憁(바쁠 총)	聰(=聡, 총명할 총) 冢(=塚, 무덤 총) 摠(모두 총)
촬	撮(취할 촬)		
최	最(가장 최)	催(재촉할 최)	崔(높을 최)
추	秋(가을 추) 抽(뽑을 추) 樞(지도리 추) 錘(저울 추) 湫(다할 추) 萩(사철쑥 추) 酋(두목 추) 鎚(쇠망치 추)	追(쫓을 추) 醜(추할 추) 鄒(나라이름 추) 墜(떨어질 추) 皺(주름 추) 諏(꾀할 추) 騶(말먹이는사람 추) 雛(병아리 추)	推(밀 추) 楸(개오동나무 추) 錐(송곳 추) 椎(망치 추) 芻(꼴 추) 趨(달릴 추) 鰌(=鰍, 미꾸라지 추)
축	丑(소 축) 蓄(쌓을 축) 縮(다스릴 축) 筑(악기이름 축)	祝(빌 축) 築(쌓을 축) 軸(굴대 축) 蹙(찌푸릴 축)	畜(가축 축) 逐(쫓을 축) 竺(나라이름 축) 蹴(찰 축)
춘	春(봄 춘) 賰(넉넉할 춘)	椿(참죽나무 춘)	瑃(옥이름 춘)
출	出(날 출)	黜(물리칠 출)	朮(차조 출)

한글	인명용 한자		
충	充(찰 충) 衝(찌를 충) 衷(속마음 충)	忠(충성 충) 珫(귀고리옥 충)	蟲(=虫, 벌레 충) 沖(=冲, 화할 충)
췌	萃(모일 췌) 贅(혹 췌)	悴(파리할 췌)	膵(췌장 췌)
취	取(취할 취) 臭(냄새 취) 翠(푸를 취) 娶(장가들 취) 驟(달릴 취)	吹(불 취) 醉(취할 취) 聚(모일 취) 炊(불땔 취) 鷲(수리 취)	就(이룰 취) 趣(달릴 취) 嘴(부리 취) 脆(무를 취)
측	側(곁 측) 廁(=厠, 뒷간 측)	測(잴 측) 惻(슬퍼할 측)	仄(기울 측)
층	層(층 층)		
치	治(다스릴 치) 値(값 치) 稚(=穉, 어릴 치) 雉(꿩 치) 嗤(웃을 치) 淄(검은빛 치) 癡(=痴, 어리석을 치) 輜(짐수레 치)	致(보낼 치) 置(둘 치) 熾(성할 치) 馳(달릴 치) 幟(기 치) 痔(치질 치) 緻(촘촘할 치)	齒(이 치) 恥(부끄러워할 치) 峙(우뚝솟을 치) 侈(사치할 치) 梔(치자나무 치) 緇(검은비단 치) 蚩(어리석을 치)
칙	則(법칙 칙)	勅(조서 칙)	飭(삼갈 칙)
친	親(친할 친)		
칠	七(일곱 칠)	漆(옻 칠)	柒(옻 칠)
침	針(바늘 침)	侵(침범할 침)	浸(담글 침)

한글	인명용 한자		
침	寢(잠잘 침) 琛(보배 침) 梣(우거질 침)	沈(가라앉을 침) 砧(다듬잇돌 침)	枕(베개 침) 鍼(침 침)
칩	蟄(숨을 칩)		
칭	稱(일컬을 칭)	秤(저울 칭)	
쾌	快(쾌할 쾌)	夬(터놓을 쾌)	
타	他(다를 타) 墮(떨어질 타) 惰(게으를 타) 橢(=楕, 길쭉할 타) 馱(실을 타)	打(칠 타) 咤(꾸짖을 타) 拖(끌 타) 舵(키 타) 駝(낙타 타)	妥(온당할 타) 唾(침 타) 朶(늘어질 타) 陀(비탈질 타)
탁	濁(흐릴 탁) 琢(옥쪼을 탁) 倬(클 탁) 託(부탁할 탁) 拓(밀칠 탁) 柝(열 탁)	托(밀 탁) 度(헤아릴 탁) 琸(환할 탁) 擢(뽑을 탁) 啄(쪼을 탁) 踔(멀 탁)	濯(씻을 탁) 卓(높을 탁) 晫(밝을 탁) 鐸(방울 탁) 坼(터질 탁) 槖(=橐, 전대 탁)
탄	炭(숯 탄) 呑(삼킬 탄) 灘(여울 탄) 綻(옷터질 탄)	歎(탄식할 탄) 坦(평평할 탄) 嘆(탄식할 탄)	彈(탄알 탄) 誕(태어날 탄) 憚(꺼릴 탄)
탈	脫(벗을 탈)	奪(빼앗을 탈)	
탐	探(찾을 탐) 眈(노려볼 탐)	貪(탐할 탐)	耽(즐길 탐)
탑	塔(탑 탑)	榻(걸상 탑)	

한글	인명용 한자		
탕	湯(끓일 탕) 糖(사탕 탕)	宕(방탕할 탕) 蕩(쓸어버릴 탕)	帑(금고 탕)
태	太(클 태) 殆(위태할 태) 兌(바꿀 태) 邰(나라이름 태) 跆(밟을 태) 鮐(복어 태)	泰(클 태) 態(모양 태) 台(별 태) 笞(볼기칠 태) 颱(태풍 태) 玳(용무늬있는옥홀 태)	怠(게으름 태) 汰(씻을 태) 胎(아이밸 태) 苔(이끼 태) 鈦(티타늄 태)
택	宅(집 택) 垞(언덕 택)	澤(못 택)	擇(가릴 택)
탱	撑(버팀목 탱)		
터	攄(펼 터)		
토	土(흙 토) 討(칠 토)	吐(토할 토)	兎(=兔, 토끼 토)
통	通(통할 통) 桶(통 통) 筒(대롱 통)	統(거느릴 통) 慟(서럽게울 통)	痛(아플 통) 洞(꿰뚫을 통)
퇴	退(물러날 퇴) 腿(넓적다리 퇴)	堆(언덕 퇴) 褪(바랠 퇴)	槌(망치 퇴) 頹(무너질 퇴)
투	投(던질 투) 偸(훔칠 투)	透(통할 투) 套(덮개 투)	鬪(싸움 투) 妬(투기할 투)
특	特(특별할 특)	慝(간사할 특)	
틈	闖(엿볼 틈)		
파	破(깨뜨릴 파) 播(뿌릴 파)	波(물결 파) 罷(파할 파)	派(물갈래 파) 頗(자못 파)

한글	인명용 한자		
파	巴(땅이름 파) 琶(비파 파) 婆(할미 파) 跛(절뚝발이 파)	把(잡을 파) 坡(고개 파) 擺(열릴 파)	芭(파초 파) 杷(비파나무 파) 爬(긁을 파)
판	判(판가름할 판) 版(판목 판) 瓣(꽃잎 판)	板(널빤지 판) 阪(비탈 판) 辦(힘쓸 판)	販(팔 판) 坂(비탈 판) 鈑(금박 판)
팔	八(여덟 팔)	叭(입벌릴 팔)	捌(깨뜨릴 팔)
패	貝(조개 패) 浿(강이름 패) 唄(찬불 패) 狽(이리 패)	敗(패할 패) 佩(찰 패) 悖(어그러질 패) 稗(피 패)	霸(=覇, 으뜸 패) 牌(패 패) 沛(늪 패)
팽	彭(성 팽) 膨(부풀 팽)	澎(물결부딪치는기세 팽)	烹(삶을 팽)
퍅	愎(괴퍅할 퍅)		
편	片(조각 편) 編(엮을 편) 偏(치우칠 편)	便(편할 편) 遍(두루 편) 翩(빨리날 편)	篇(책 편) 扁(넓적할 편) 鞭(채찍 편)
편	騙(속일 편)		
폄	貶(떨어뜨릴 폄)		
평	平(평평할 평) 枰(바둑판 평)	評(평론할 평) 泙(물소리 평)	坪(평 평) 萍(부평초 평)
폐	閉(닫을 폐) 弊(폐단 폐) 陛(섬돌 폐) 斃(넘어질 폐)	肺(허파 폐) 蔽(덮을 폐) 吠(짖을 폐)	廢(폐할 폐) 幣(비단 폐) 嬖(사랑할 폐)

한글	인명용 한자		
포	布(베 포) 胞(태보 포) 捕(사로잡을 포) 砲(대포 포) 匍(길 포) 哺(먹을 포) 拋(=抛, 던질 포) 疱(천연두 포) 苞(꾸러미 포) 鮑(절인어물 포)	抱(안을 포) 飽(배부를 포) 葡(포도 포) 鋪(펼 포) 匏(박 포) 圃(밭 포) 暴(사나울 포) 脯(포 포) 袍(두루마기 포)	包(쌀 포) 浦(물가 포) 褒(기릴 포) 佈(펼 포) 咆(으르렁거릴 포) 怖(두려워할 포) 泡(거품 포) 蒲(부들 포) 逋(달아날 포)
폭	暴(사나울 폭) 曝(쬘 폭)	爆(터질 폭) 瀑(폭포 폭)	幅(너비 폭) 輻(바퀴살통 폭)
표	表(겉 표) 漂(떠돌 표) 彪(작은범 표) 剽(빠를 표) 飇(=飇, 폭풍 표)	票(표 표) 杓(자루 표) 驃(날쌜 표) 慓(날랠 표) 飄(회오리바람 표)	標(표시할 표) 豹(표범 표) 俵(나누어줄 표) 瓢(표주박 표)
품	品(물건 품)	稟(줄 품)	
풍	風(바람 풍) 諷(욀 풍)	楓(단풍나무 풍) 馮(성 풍)	豐(=豊, 풍년 풍)
피	皮(가죽 피) 被(이불 피) 陂(비탈 피)	彼(저 피) 避(피할 피)	疲(지칠 피) 披(나눌 피)
필	必(반드시 필) 畢(마칠 필) 泌(샘물졸졸흐를 필) 鉍(창자루 필)	匹(짝 필) 弼(도울 필) 苾(향기로울 필) 佖(점잖을 필)	筆(붓 필) 珌(칼장식옥 필) 馝(향기로울 필) 疋(짝 필)

한글	인명용 한자		
핍	乏(가난할 핍)	逼(닥칠 핍)	
하	下(아래 하) 何(어찌 하) 廈(=厦, 처마 하) 蝦(새우 하) 呀(입벌릴 하) 閜(크게열릴 하) 谺(대담할 하)	夏(=昰, 여름 하) 河(물 하) 霞(노을 하) 遐(멀 하) 嘏(클 하) 嚇(웃음소리 하)	賀(하례 하) 荷(연 하) 瑕(티 하) 鰕(새우 하) 碬(숫돌 하) 煆(붉을 하)
학	學(=学, 배울 학) 虐(사나울 학)	鶴(학 학) 謔(희롱할 학)	壑(골짜기 학) 嗃(엄할 학)
한	閑(한가할 한) 限(한계 한) 旱(가물 한) 瀚(넓고큰모양 한) 罕(그물 한) 僩(노할 한) 閒(익힐 한)	寒(찰 한) 韓(나라이름 한) 汗(땀 한) 翰(날개 한) 灝(넓을 한) 嫻(우아할 한) 閒(틈 한)	恨(한할 한) 漢(한수 한) 澣(빨 한) 悍(사나울 한) 䎙(높을 한) 橌(큰나무 한)
할	割(나눌 할)	轄(다스릴 할)	
함	咸(다 함) 函(상자 함) 銜(=啣, 재갈 함) 緘(봉할 함)	含(머금을 함) 涵(젖을 함) 喊(소리 함) 鹹(짤 함)	陷(빠질 함) 艦(군함 함) 檻(우리 함) 菡(연봉우리 함)
합	合(합할 합) 蛤(대합조개 합) 陜(땅이름 합)	哈(한모금 합) 閤(쪽문 합)	盒(합 합) 闔(문짝 합)
항	恒(=恆, 항상 항)	巷(거리 항)	港(항구 항)

한글	인명용 한자
항	項(목 항)　　抗(막을 항)　　航(배 항) 亢(목 항)　　沆(넓을 항)　　姮(=嫦, 항아 항) 伉(짝 항)　　杭(건널 항)　　桁(차꼬 항) 缸(항아리 항)　肛(항문 항)　　行(항렬 항) 降(항복할 항)
해	害(해칠 해)　　海(=海, 바다 해)　亥(돼지 해) 解(풀 해)　　　奚(어찌 해)　　該(그 해) 偕(함께 해)　　楷(본보기 해)　諧(화할 해) 咳(기침 해)　　垓(지경 해)　　孩(어린아이 해) 懈(게으를 해)　瀣(이슬기운 해)蟹(게 해) 邂(만날 해)　　駭(놀랄 해)　　骸(뼈 해) 咍(웃을 해)　　琲(검은옥돌 해)
핵	核(씨 핵)　　　劾(캐물을 핵)
행	行(다닐 행)　　幸(다행 행)　　杏(살구나무 행) 倖(요행 행)　　荇(마름 행)　　涬(기운 행)
향	向(향할 향)　　香(향기 향)　　鄕(시골 향) 響(울림 향)　　享(누릴 향)　　珦(옥이름 향) 嚮(향할 향)　　餉(건량 향)　　饗(잔치할 향) 麝(사향사슴 향)晑(밝을 향)
허	虛(빌 허)　　　許(허락할 허)　墟(터 허) 噓(불 허)
헌	軒(추녀 헌)　　憲(법 헌)　　　獻(바칠 헌) 櫶(나무이름 헌)輊(수레탈 헌)
헐	歇(쉴 헐)
험	險(험할 험)　　驗(시험할 험)
혁	革(가죽 혁)　　赫(붉을 혁)　　爀(붉을 혁)

한글	인명용 한자		
혁	奕(클 혁) 烒(붉을 혁)	焱(불꽃 혁) 赫(진한붉은빛 혁)	侐(고요할 혁)
현	現(나타날 현) 弦(시위 현) 懸(매달 현) 峴(재 현) 炫(빛날 현) 眩(아찔할 현) 呟(소리 현) 舷(뱃전 현) 譞(영리할 현) 鋗(노구솥 현)	賢(어질 현) 絃(악기줄 현) 顯(=顕, 나타날 현) 晛(햇살 현) 玹(옥돌 현) 眩(당혹할 현) 俔(염탐할 현) 衒(팔 현) 怰(팔 현) 弦(활 현)	玄(검을 현) 縣(고을 현) 見(나타날 현) 泫(빛날 현) 鉉(솥귀 현) 絢(무늬 현) 睍(불거진눈 현) 儇(총명할 현) 睍(한정할 현) 琄(옥모양 현)
혈	血(피 혈) 頁(머리 혈)	穴(구멍 혈)	孑(외로울 혈)
혐	嫌(싫어할 혐)		
협	協(화할 협) 挾(낄 협) 夾(낄 협) 鋏(집게 협)	脅(=脇, 옆구리 협) 峽(골짜기 협) 狹(좁을 협) 頰(뺨 협)	俠(호협할 협) 浹(두루미칠 협) 莢(콩깍지 협) 洽(화할 협)
형	兄(맏 형) 亨(형통할 형) 邢(나라이름 형) 炯(빛날 형) 衡(저울대 형) 滎(실개천 형) 迥(=逈, 멀 형)	刑(형벌 형) 螢(반디 형) 珩(노리개 형) 瀅(옥빛 형) 馨(향기 형) 瀅(물이름 형) 鎣(줄 형)	形(모양 형) 型(거푸집 형) 迥(멀 형) 瀅(맑을 형) 熒(등불 형) 荊(가시 형)
혜	惠(=恵, 은혜 혜)	慧(슬기로울 혜)	兮(어조사 혜)

한글	인명용 한자		
혜	蕙(혜초 혜) 寭(밝힐 혜) 蹊(지름길 혜) 譓(슬기로울 혜)	彗(비 혜) 憓(사랑할 혜) 醯(초 혜) 鏸(날카로울 혜)	譿(슬기로울 혜) 暳(별반짝일 혜) 鞋(가죽신 혜)
호	戶(지게 호) 好(좋을 호) 號(=号, 부르짖을 호) 浩(=澔, 넓을 호) 護(보호할 호) 昊(하늘 호) 灝(넓을 호) 瑚(산호 호) 扈(뒤따를 호) 壺(병 호) 岵(산 호) 瓠(표주박 호) 芦(=苄, 지황 호) 蝴(나비 호) 犒(호궤할 호)	乎(어조사 호) 虎(범 호) 互(서로 호) 毫(가는털 호) 晧(밝을 호) 淏(맑을 호) 祜(복 호) 頀(구할 호) 鎬(냄비 호) 濩(퍼질 호) 弧(활 호) 糊(풀 호) 葫(마늘 호) 皞(밝을 호) 譹(부를 호)	呼(부를 호) 湖(호수 호) 胡(오랑캐 호) 豪(호걸 호) 皓(흴 호) 濠(해자 호) 琥(호박 호) 顥(클 호) 壕(해자 호) 滸(물가 호) 狐(여우 호) 縞(명주 호) 蒿(쑥 호) 嫭(재치있을 호)
혹	或(혹시 혹)	惑(미혹할 혹)	酷(독할 혹)
혼	婚(혼인할 혼) 魂(넋 혼)	混(섞을 혼) 渾(흐릴 혼)	昏(어두울 혼) 琿(아름다운옥 혼)
홀	忽(소홀히할 홀)	惚(황홀할 홀)	笏(홀 홀)
홍	紅(붉을 홍) 鴻(큰기러기 홍) 虹(무지개 홍) 汞(수은 홍)	洪(큰물 홍) 泓(깊을 홍) 鉷(돌쇠뇌 홍) 訌(무너질 홍)	弘(넓을 홍) 烘(횃불 홍) 哄(떠들썩할 홍)

한글	인명용 한자		
화	火(불 화) 貨(재화 화) 畫(=畵, 그림 화) 禍(재앙 화) 譁(시끄러울 화)	化(될 화) 和(화할 화) 華(빛날 화) 嬅(탐스러울 화) 靴(가죽신 화)	花(꽃 화) 話(말할 화) 禾(벼 화) 樺(자작나무 화) 澕(물깊을 화)
확	確(=碻, 굳을 확) 廓(둘레 확)	穫(벼벨 확) 攫(붙잡을 확)	擴(넓힐 확)
환	歡(기뻐할 환) 換(바꿀 환) 喚(부를 환) 煥(불꽃 환) 桓(굳셀 환) 宦(벼슬 환) 圜(두를 환)	患(근심 환) 環(고리 환) 奐(빛날 환) 晥(환할 환) 鐶(고리 환) 紈(흰비단 환)	丸(알 환) 還(돌아올 환) 渙(흩어질 환) 幻(변할 환) 驩(기뻐할 환) 鰥(홀아비 환)
활	活(살 활) 猾(교활할 활)	闊(=濶, 트일 활) 豁(소통할 활)	滑(미끄러울 활)
황	黃(누를 황) 荒(거칠 황) 媓(어머니 황) 滉(물깊고넓을 황) 熀(불빛이글거릴 황) 惶(두려워할 황) 湟(해자 황) 簧(혀 황) 隍(해자 황)	皇(임금 황) 凰(봉황새 황) 晃(=晄, 밝을 황) 煌(빛날 황) 徨(노닐 황) 愰(밝을 황) 潢(웅덩이 황) 蝗(누리 황) 榥(배 황)	況(하물며 황) 堭(정자 황) 榥(책상 황) 幌(휘장 황) 恍(황홀할 황) 慌(어렴풋할 황) 篁(대숲 황) 遑(허둥거릴 황) 璜(서옥 황)
회	回(돌 회) 悔(뉘우칠 회)	會(=会, 모일 회) 懷(품을 회)	灰(재 회) 廻(돌 회)

한글	인명용 한자		
회	恢(넓을 회) 澮(우물도랑 회) 匯(물돌 회) 獪(교활할 회) 蛔(회충 회)	晦(그믐 회) 繪(=絵, 그림 회) 徊(노닐 회) 膾(회 회) 賄(뇌물 회)	檜(노송나무 회) 誨(가르칠 회) 淮(강이름 회) 茴(회향풀 회)
획	獲(얻을 획)	劃(그을 획)	
횡	橫(가로 횡)	鐄(종 횡)	宖(집울릴 횡)
효	孝(효도 효) 洨(물가 효) 斅(가르칠 효) 梟(올빼미 효) 酵(술괼 효) 窙(높은기운 효)	效(=効, 본받을 효) 爻(육효 효) 哮(으르렁거릴 효) 淆(뒤섞일 효) 皛(나타날 효) 俲(본받을 효)	曉(새벽 효) 驍(날랠 효) 嚆(울릴 효) 肴(안주 효) 歊(김이오를 효)
후	後(뒤 후) 候(기후 후) 逅(만날 후) 帿(과녁 후) 堠(봉화대 후)	厚(=垕, 두터울 후) 喉(목구멍 후) 吼(울 후) 朽(썩을 후) 煦(따뜻하게할 후)	侯(제후 후) 后(왕후 후) 嗅(맡을 후) 珝(옥이름 후)
훈	訓(가르칠 훈) 焄(연기에그을릴 훈) 燻(연기낄 훈)	勳(=勛·勲, 공 훈) 薰(=蘍, 향풀 훈) 暈(무리 훈)	熏(=熏, 불길 훈) 壎(=塤, 질나팔 훈) 鑂(빛이변할 훈)
훙	薨(죽을 훙)		
훤	喧(의젓할 훤) 煊(따뜻할 훤)	暄(따뜻할 훤)	萱(원추리 훤)
훼	毁(헐 훼) 毀(헐 훼)	卉(=芔, 풀 훼)	喙(부리 훼)

한글	인명용 한자		
휘	揮(휘두를 휘) 徽(아름다울 휘) 諱(꺼릴 휘)	輝(빛날 휘) 暉(빛 휘) 麾(대장기 휘)	彙(무리 휘) 煇(빛날 휘) 煒(빛 휘)
휴	休(쉴 휴) 畦(밭두둑 휴)	携(가질 휴) 虧(이지러질 휴)	烋(경사로울 휴)
휼	恤(구휼할 휼)	譎(속일 휼)	鷸(도요새 휼)
흉	凶(흉할 흉) 匈(오랑캐 흉)	胸(가슴 흉) 洶(물살세찰 흉)	兇(흉악할 흉)
흑	黑(검을 흑)		
흔	欣(기뻐할 흔) 痕(흉터 흔)	炘(화끈거릴 흔) 忻(기뻐할 흔)	昕(아침 흔) 俒(완전할 흔)
흘	屹(산우뚝솟을 흘) 紇(질낮은명주실 흘)	吃(말더듬을 흘)	訖(이를 흘)
흠	欽(공경할 흠) 鑫(기쁠 흠)	欠(하품 흠)	歆(받을 흠)
흡	吸(숨들이쉴 흡) 翕(합할 흡)	洽(윤택하게할 흡)	恰(마치 흡)
흥	興(일어날 흥)		
희	希(바랄 희) 戱(=戲, 희롱할 희) 僖(기쁠 희) 嬉(즐길 희) 熙(빛날 희) 曦(햇빛 희) 憘(기뻐할 희) 噫(탄식할 희)	喜(기쁠 희) 姫(=姬, 계집 희) 橲(나무이름 희) 憙(기뻐할 희) 義(숨 희) 俙(비슷할 희) 犧(희생 희) 熙(=熙·熙, 빛날 희)	稀(드물 희) 晞(마를 희) 禧(복 희) 熹(=熺, 빛날 희) 爔(불 희) 囍(쌍희 희) 嘻(빛날 희) 烯(불빛 희)

부자 이름, 명품 이름

한글	인명용 한자
힐	詰(물을 힐)

주 : 1. 위 한자는 이 표에 지정된 발음으로만 사용할 수 있다. 그러나 첫소리(初聲)가 'ㄴ' 또는 'ㄹ'인 한자는 각각 소리 나는 바에 따라 'ㅇ' 또는 'ㄴ'으로 사용할 수 있다.
2. 동자(同字), 속자(俗字), 약자(略字)는 (   ) 내에 기재된 것에 한하여 사용할 수 있다.
3. '示'변과 '礻'변, '艹'변과 '艹'변은 서로 바꾸어 쓸 수 있다.
   예 : 福=福   蘭=蘭

【참고】 상기의 한자는 '대법원 인명용 한자표'를 참고하였으니, 반드시 확인하고 작명을 하기 바랍니다.

사주선생의 작명 카페 에세이
부자 이름, 명품 이름

초판 1쇄 인쇄　2011년 6월 20일
초판 1쇄 발행　2011년 6월 25일

지은이 l 김종국
펴낸이 l 金泰奉
펴낸곳 l 한솜미디어
등　록 l 제5-213호

편　집 l 박창서, 김주영, 김미란, 이혜정
마케팅 l 김영길, 김명준
홍　보 l 장승윤

주　소 l (우143-200) 서울시 광진구 구의동 243-22
전　화 l (02)454-0492(代)
팩　스 l (02)454-0493
이메일　hansom@hansom.co.kr
홈페이지　www.hansom.co.kr

값 12,000원
ISBN 978-89-5959-273-9 (13150)

*잘못 만들어진 책은 구입하신 서점에서 친절하게 바꿔드립니다